민영화에
숨겨진 이야기

민영화에
숨겨진 이야기

2023년 12월 26일 초판 1쇄 발행

글	홍승기
펴낸이	김완중
펴낸곳	내일을여는책
책임편집	김세라
디자인	김다솜
표지 그림	김휘승
관리	장수댁
인쇄	정우피앤피
제책	바다제책
출판등록	1993년 01월 06일(등록번호 제475 - 9301)
주소	전라북도 장수군 장수읍 송학로 93 - 9(19호)
전화	063) 353 - 2289
팩스	063) 353 - 2290
전자우편	wan - doll@hanmail.net
블로그	blog.naver.com/dddoll
ISBN	978-89-7746-870-2 43300

ⓒ 홍승기, 2023

우리의 미래를 집어삼킬 재앙

민영화에
숨겨진 이야기

| 글 홍승기 |

내일을여는책

* 일러두기

'민영화(民營化)'라는 말은 민간이 경영 주체가 된다는 뜻을 담고 있습니다. 여기서 말하는 '민간'은 '국민'이 아닌 '사기업'입니다. 그래서 민영화는 국민의 재산인 공기업이 사기업의 소유가 되는 사유화(私有化)를 의미합니다. 따라서 '민영화'가 아니라 '사유화'라 불러야 맞지만, '민영화'라는 표현이 관행적으로 널리 쓰이는 현실을 고려하여 본문에서는 '민영화'로 표기하였습니다.

목차

넓혀졌다 좁혀졌다, 와이파이 존

이 글을 읽는 독자 중에는 학생이 많을 것 같습니다. 그래서 '민영화' 이야기를 시작하기에 앞서 독자들과 친숙한 '학교' 이야기부터 시작해볼까 합니다.

공교육이란 무엇일까요?

공교육은 학교와 같은 공적 기관이 진행하는 교육입니다. 쉽게 말해, 초 · 중 · 고등학교에서 이루어지는 교육은 모두 공교육이에요. 누구나 교육을 받을 수 있어야 한다는 '교육 평등'이 공교육의 정신입니다. 공교육은 모든 국민의 교육받을 권리와 교육복지 등 교육적 공익을 추구합니다. 우리나라는 1948년 정부 수립과 함께 공교육을 실시하였습니다.

학교에는 국·공립학교와 사립학교가 있습니다. 모두 공교육 기관입니다. 사립학교는 민간이 세운 학교지만, 정부와 지방자치단체(지자체)로부터 운영비를 지원받고, 정부와 지자체의 방침에 따라 공교육을 실시합니다. 누구나 학령기가 되면 초등학교에 입학하고, 초등학교를 졸업하면 중학교에 진학하고, 중학교를 졸업하면 고등학교에 진학합니다.

공교육과 대비되는 교육은 사교육입니다. 사교육은 사적 기관에서 하는 교육입니다. 학원이나 학습지 등을 통해 받는 교육이 사교육이에요. 사교육은 누구나 받는 교육이 아닙니다. 개인의 형편과 필요에 따라 받습니다. 사교육은 교육 평등이나 교육복지를 추구하지 않습니다.

사교육비는 부모들에게 큰 부담이 되고 있습니다. 2022년 전체 사교육비가 26조 원입니다. 2021년의 23조 원과 비교해 10% 이상 증가했습니다. 사교육비와 관련해서 두 가지가 특징적입니다. 하나는 사교육 참여율이 매년 증가한다는 점입니다. 2021년에 75%였는데 2022년에 78%로 높아졌습니다. 다른 하나는 소득별로 사교육비에 차이가 난다는 점입니다. 2022년에 고소득층의 사교육비는 저소득층의 4배에 달했습니다.

사교육비가 급증하는 것은 무엇보다도 특목고와 자사고 때문입니다. 이는 초등학생과 중학생의 사교육 참여율을 통해 확인할 수 있습니다. 초등학생의 사교육 참여율은 무려 85%나 됩니다. 초등학생 10명 중 8~9명이 사교육을 받고 있다는 것이지요. 중학생의 사교육 참여율은 76%에 이릅니다. 특목고와 자사고가 사교육에 미치는 영향을 알 수 있어요. 특목고·자사고에 가기 위한 사교육은 초등학교 때부터 시작됩니다. 그러면 고등학생의 사교육 참여율은 어떨까요? 고등학생의 사교육 참여율은 66%로 떨어집니다.

고소득층의 사교육비가 많은 것 역시 특목고·자사고의 영향입니다. 특목고·자사고에 가기 위해, 고소득층에서 더 많은 사교육이 이루어집니다. 실제로 특목고·자사고 진학률이 고소득층에서 훨씬 더 높아요. 특목고·자사고는 공교육 기관이지만, 공적인 기준만 따르지는 않습니다. 그래서 특목고·자사고는 대학 입시용 기관이 되었다는 비판이 제기되고 있어요. 사교육 기관처럼 되었다는 비판이지요.

특목고·자사고의 출현으로 공교육 질서가 흔들리고 있습니다. 근본적으로는 대학 입시 때문에 생겨난 문제이지만, 특목고·자사고로 인해 초등학생 때부터 사교육에 매달리게 되면서 공교육이 부정적 영향을 받고 있습니다. 공교육은 교육의 가치를 실현하는 교육적 공익을 목표로 합니다. 그래서 공교육 질서가 흔들리면 교육적 공익이 손상됩니다. 특목고·자사고를 없애자는 의견이 강하게 제기되는 이유입니다.

우리는 교육 현장의 모습을 통해 공기업과 사기업에 대해 대략 이해할 수 있습니다. 공기업은 중앙정부나 지방자치단체가 투자하고 운영하는 기업을 말합니다. 공교육을 하는 학교처럼 공기업은 사회공공의 복지 증진을 목적으로 합니다. 즉, 공기업이 추구하는 가치는 공공의 이익 즉 공익입니다.

공기업과 대비되는 기업이 사기업입니다. 사기업을 민간기업이라고도 합니다. 민간은 정부나 지자체에 속하지 않는 개인이나 단체를 의미하는 말입니다. 사기업에는 개인이 설립한 개인기업과 여러 명이 설립한 공동기업이 있어요. 우리가 흔히 접하는 주식회사는 공동기업에 속합니다. 공기업이 공익을 추구하는 데 비해, 사기업은 사기업의 이익 즉 사익을 추구합니다.

공기업을 민영화하자는 주장은 공기업을 사기업으로 만들자는 주장입니다. 민영화를 주장하는 갈래는 여럿이지만, 신자유주의가 대표적입니다(신자유주의에 대해서는 뒤에 자세히 풀이해놓았습니다). 공기업을 민영화하면 공익을 훼손하게 됩니다. 사기업이 되면 사익을 우선하기 때문입니다. 공기업의 민영화를 두고 전 세계적으로 찬반 논쟁이 뜨겁게 진행되는 이유입니다. 우리나라에서도 민영화가 시작된 이후 논란이 끊이지 않습니다.

이 책에서는 공기업의 민영화에 대해 종합적으로 다루고자 합니다. 공기업이 생겨난 이유와 민영화가 추진되는 이유를 역사적으로 살펴보아서, 공기업의 민영화를 판단하는 데 도움을 주고자 했습니다. 학교처럼 공기업은 우리 생활과 삶의 질에 직접적인 영향을 미칩니다. 전기와 수돗물을 생각하면 알 수 있습니다(공기업이 전기와 수돗물을 공급합니다). 무료 와이파이 존이 넓혀졌다 좁혀졌다 하는 현상 역시 공기업의 민영화와 관련이 있습니다. 공기업의 민영화는 먼 나라 이야기가 아닙니다. 매일매일 살아가는 데서 부딪히게 되는 이야기지요.

이 책은 세 부분으로 구성되어 있습니다. 1장은 공기업과 관련한 오해를 다룹니다. 공기업과 민영화의 역사를 통해 공기업의 역할과 민영화의 문제점을 알아보고, 사기업이 공기업보다 우월한지를 살펴봅니다. 2장은 민영화의 철학적 배경을 다룹니다. 자유주의와 신자유주의를 알아보면서, 공기업의 민영화는 단순한 경제 문제가 아니라 정치와 사회와 윤리의 문제라는 점을 살펴봅니다. 3장은 우리나라의 공기업과 민영화를 다룹니다. 우리나라 공기업과 민영화의 역사를 알아보고, 공기업이 처한 지금의 상황을 살펴서 공기업의 민영화를 어떻게 바라봐야 할지 함께 생각해봅니다.

이 글은 민영화 논쟁의 과정에서 나온 수많은 연구자와 활동가의 논문과 자료를 바탕으로 쓰였습니다. 도움받은 부분을 책에 일일이 밝히지 못했지만, 그동안 애쓴 모든 연구자와 활동가에게 고맙다는 말씀을 드립니다.

최근 방영된 한 드라마에 이런 대사가 나옵니다.

"학교가 무너지고 병원이 사라지면 우리에게 미래가 있겠습니까!"

공기업에도 들어맞는 말입니다. 학교는 공교육 기관이고, 병원은 공공의료 기관입니다. 공기업은 공공 영역에서 공익을 추구합니다. 공기업이 사라지면 우리의 미래는 어떻게 될까요?

2023년 12월
홍승기

1부

민영화해서
좋았는가?

1장

공기업의 탄생, 민영화의 시작

스노볼의 억지

영국의 작가 조지 오웰George Orwell, 1903~1950이 쓴 소설 《동물 농장》(1945)을 아시나요? 동물을 주인공으로 해서 인간 사회를 풍자한 소설이에요. 소설에서 동물들은 인간을 내쫓고 농장을 차지하고, 농장 이름을 '매너 농장Manor Farm'에서 '동물 농장Animal Farm'으로 바꿉니다. 소설 제목이 《동물 농장》인 이유를 아시겠죠.

동물들의 우두머리는 돼지입니다. 돼지들은 동물들이 지켜야 할 규칙을 정하고 외우게 했습니다. 다른 동물들은 잘 외웠는데 양, 암탉, 오리는 외우지 못했어요. 스노볼

조지 오웰

Snowball이라는 이름의 돼지는 고민했습니다. 규칙이 7개
여서 외우지 못하는 게 아닐까 고민하던 스노볼은 규칙 7
개를 1개의 구호로 요약합니다.

네 다리 동물은 좋고, 두 다리 동물은 나쁘다!

여기서 '두 다리 동물'은 무엇을 의미할까요? 스노볼은
인간을 두 다리 동물이라고 했어요. 맞는 말인 것 같은데,

《동물 농장》 초판 표지

새들은 스노볼이 만든 구호에 반대했습니다. 자신들도 두
다리 동물이기 때문이에요. 스노볼은 "날개는 새를 날게
하는 기관이니 다리와 같다"라며 새들도 네 다리 동물이
라고 말했습니다. 스노볼의 말은 억지였지요. 새들은 스
노볼의 말을 이해할 수 없었지만, 결국 받아들였습니다.
스노볼의 권력이 셌기 때문입니다. 이런 권력자의 횡포를
비판하고자 한 소설이 《동물 농장》이에요.

　스노볼은 동물을 네 다리 동물과 두 다리 동물로 나누

고, 네 다리 동물은 좋고 두 다리 동물은 나쁘다고 합니다. 스노볼처럼 주장하는 논리를 이분법이라고 해요. 이분법이란 세상을 둘로 나누어서, 한쪽은 좋고 다른 한쪽은 나쁘다고 주장하는 논리에요. 그런데 우리가 사는 세상을 둘로 나눌 수 있을까요? 없습니다. 예를 들어, 동물을 생각해보아요. 동물에는 두 다리 동물과 네 다리 동물만 있지 않아요. 뱀처럼 다리가 없는 동물도 있고, 곤충처럼 다리가 많은 동물도 있어요. 이분법은 억지스러운 논리입니다.

잘못된 주장

스노볼의 구호와 같은 억지 이분법이 공기업을 민영화하자는 주장에도 등장합니다. 공기업은 정부나 지자체가 운영하는 기업입니다. 한국전력공사, 한국가스공사, 한국방송공사처럼 회사 이름에 '공사'가 들어간 기업이 공기업이에요. 그런 공기업을 사기업으로 만드는 것이 공기업의 민영화입니다.

사기업은 민간이 운영하는 기업입니다. 동네 치킨집에서 대기업에 이르기까지 정부나 지자체와 관련 없이 민간이 경영하는 기업은 모두 사기업이에요. 공기업의 민영화를 주장하는 사람들은 공기업을 사기업으로 만들자며 스노볼식 억지 논리를 사용합니다.

사기업은 좋고 공기업은 나쁘다!

왜 공기업이 나쁘다고 할까요? 민영화 주장자들은 공기업을 '사회주의'라고 주장합니다. 사회주의 국가에서는 기업을 국유화國有化해서 국영 기업을 만들었습니다. 그런 사실에 근거해서 공기업은 사회주의라고 민영화 주장자들은 주장하는데, 맞는 말일까요? 공기업의 역사를 살펴보면 잘못된 주장이라는 것을 쉽게 알 수 있습니다.

사회주의 국가는 1917년 러시아에서 처음 등장합니다. 공기업은 사회주의 국가가 탄생하기 이전부터 존재했습니다. 자본주의가 가장 먼저 발달한 영국에서는 1850년에 이미 공기업이 만들어집니다. 사회주의 국가가 탄생하기 67년 전입니다. 그때 설립된 최초의 공기업은 우체국이었어요. 이후 1908년에 런던항만공사PLA, 1920년에 영국석유BP, 1926년에 영국방송공사BBC, 1933년에 런던교통공사LPTB 등 공기업이 계속 생겨났습니다.

우체국, 항만, 석유, 방송, 교통에는 어떤 공통점이 있을까요? 전 국민의 생활과 밀접히 연관된다는 공통점이 있습니다. 그래서 공공의 이익을 중시하고 공공성을 우선해야 하는 분야입니다. 그런 분야에서 공기업이 생기기 시작했습니다. 이렇듯 공기업은 사회주의와 관련이 없습니다. 그래서 '공기업은 사회주의다'라는 말은 잘못된 주장입니다.

뜻밖의 공기업

공기업은 공공성을 우선하는 분야에서만 생겼을까요?

우리는 지금 자동차 없이는 생활하기 어려운 시대에 살고 있어요. 우리나라에서도 일찍부터 자동차를 만들었어요. 우리나라에서 자동차를 생산하는 기업들에 대해 알아볼까요? 일단 현대자동차와 기아자동차가 유명하지만, 이 밖에도 여러 기업이 있습니다. 그중에는 르노코리아자동차도 있습니다. 얼마 전까지 르노삼성자동차로 불렸는데 최근에 회사 이름을 바꿨습니다.

르노Renault는 프랑스에서 가장 큰 자동차기업입니다. 2000년에 삼성자동차를 사들이면서 우리나라에서는 르노삼성이라는 브랜드를 사용했습니다. 르노는 일본의 자동차 메이커 닛산Nissan과 미쓰비시Mitsubishi도 소유한 세계적인 자동차기업이기도 해요. 자동차 판매 순위가 세계 4~5위입니다. 이런 르노가 한때는 공기업이었습니다.

르노는 1898년 르노 형제가 설립한 사기업인데, 어떻게 공기업이 되었을까요? 설립자인 루이 르노가 2차 세계대전 동안 독일의 나치 정권에 협력했기 때문이에요. 나치는 2차 세계대전을 일으키고 유대인을 학살한 범죄 집단입니다. 프랑스 정부는 나치에 협력했던 모든 기업을 국유화했는데, 르노 역시 국유화되면서 공기업이 되었습니다. 르노처럼 사기업으로 시작했으나 공기업이 된 경우도 많습니다.

공기업은 2차 세계대전을 겪으며 대폭 늘어났습니다. 2차 세계대전이 끝난 뒤, 자본주의가 발달한 서유럽의 국가들이 수많은 기업을 국유화해서 공기업으로 만들었습니다. 철도, 전기, 에너지처럼 공공성을 우선해야 하는 기업은 물론, 르노처럼 나치에 협력한 기업, 경영이 어려워 파산 직전에 처한 기업이 국유화되었습니다.

2차 세계대전 직후 서유럽 각국에서 수많은 기업을 국유화한 이유에 대해 좀 더 자세히 알아볼까요? 그 이유를 알려면 먼저 2차 세계대전에 대해 살펴봐야 합니다. 2차 세계대전은 미국, 소련(지금의 러시아), 영국, 중국이 한편이 되고, 독일, 이탈리아, 일본이 다른 한편이 되어서 싸운 전쟁입니다. 1939년 독일이 폴란드를 침략하면서 시작되었어요. 1945년까지 7년 동안 전쟁이 계속되면서 엄청난 피해가 생겼습니다. 5,000만 명이 넘는 사람들이 사망했고 5조 달러가 넘는 재산 피해를 보았습니다. 특히, 유럽은 전쟁터여서 피해가 심각했어요. 산업시설이 파괴되고 공장이 멈춰 섰습니다. 경제가 마비되었지요. 전쟁이 끝나자 서유럽 각국은 경제 살리기에 나섰고, 그런 목적에서 수많은 기업을 국유화했습니다.

구체적인 상황을 영국과 프랑스를 통해 알아볼까요? 영국과 프랑스는 서유럽을 대표하는 두 나라입니다.

영국과 프랑스

영국은 2차 세계대전의 승전국이지만, 엄청난 피해를 보았어요. 전체 주택의 30%가 파괴되었다고 해요. 독일이 전투기와 로켓을 동원해 영국을 집중적으로 공격했기 때문이에요. 2차 세계대전이 끝나자 영국에서 총선거가 있었습니다. 노동당과 보수당이 경제를 살리겠다며 경쟁했는데, 주요 산업을 국유화하겠다는 공약을 내건 노동당이 이겼습니다.

노동당은 경제회복을 위해 국유화를 주장했는데, 선거에서 승리한 후 석탄, 가스, 전기, 철도, 도로, 항공, 운하, 은행, 철강 등 주요 산업을 국유화했습니다. 공기업이 전체 산업생산의 20%를 차지할 정도로 늘어났습니다. 노동당 정부의 공약대로, 공기업이 본격적으로 가동되면서 경제가 회복되었고 일자리가 늘어났습니다.

한편, 프랑스는 2차 세계대전 중에 독일의 지배를 받았습니다. 국토가 전쟁터였던 탓에 산업 기반은 대부분 파괴되었어요. 전쟁이 끝난 뒤, 프랑스 정부 역시 경제회복을 목표로 국유화 정책을 추진했습니다. 전기, 석탄, 석유, 가스처럼 공공의 이익을 위한 기업을 국유화했고, 국유화에 필요한 돈을 마련하려고 은행도 국유화했습니다. 프랑스는 유럽에서 공기업이 가장 많은 국가가 되었습니다.

1960년대 이후에도 영국과 프랑스에서 국유화가 계속되었습니다. 이때의 국유화는 파산 위기에 처한 기업을 구제하려는 목적에서 추진되었어요. 영국의 롤스로이스 Rolls-Royce가 대표적인 사례입니다. 롤스로이스는 세계적으로 유명한 최고급 자동차를 생산하는 기업이에요. 1906년에 찰스 롤스와 헨리 로이스가 설립했지요. 1971년에 롤스로이스가 파산하게 되자, 영국 정부가 국유화해서 구제했습니다. 롤스로이스 이외에도 자동차기업 브리티시레일랜드[BL], 항공기 제작업체 브리티시에어로스페이스[BA] 등이 1970년대에 국유화된 영국의 대표적인 기업입니다.

프랑스는 1981년에도 국유화법을 만들었습니다. 이 법에 따라 통신장비 기업 알카텔[Alcatel], 화학공업 기업 페시네 · 위진 · 쿨만[PUK], 전자 및 국방기술 기업 톰슨 · 브란트[Thomson·Brandt], 건자재 기업 생 고뱅[Saint-Gobain], 제약기업 롱프랑[Rhône-Poulenc] 등 5대 대기업과 38개 은행이 국유화되었습니다. 이렇게 국유화된 공기업은 기술을 현대화하고 산업 발전을 이끄는 역할을 했습니다.

이상에서 살펴본 영국과 프랑스의 사례를 통해, 공기업은 자본주의의 발전을 위해 필요하다는 것을 알 수 있습니다. 경제발전을 위해 공기업이 필요했고, 기술발전을 위해 공기업이 필요했고, 위기를 맞이한 기업을 살리기 위해 공기업이 필요했습니다.

이제까지 공기업의 역사를 살펴보았으니, 이제부터는 민영화의 역사를 살펴보겠습니다.

숙녀는 돌아서지 않는다(The lady's not for turning)

민영화는 사실 오래전부터 있었습니다. 프랑스의 르노처럼 2차 세계대전 이후 국유화되었다가 민영화로 사기업이 된 사례가 적지 않았습니다. 그렇지만 1970년대까지 민영화는 큰 관심을 끄는 이슈가 아니었습니다. 영국에서 민영화가 중요 이슈가 된 것은 마거릿 대처^{Margaret Thatcher, 1925~2013} 총리가 등장한 후입니다.

마거릿 대처는 1979년부터 1990년까지 11년간 영국의 총리였습니다. 잉글랜드 링컨셔주의 그랜섬시 출신으로 옥스퍼드대학에서 화학을 전공했지만, 대학 졸업 후에 혼자 공부해서 변호사가 되고 정치인이 되었습니다. 1970년에는 교육부 장관을 맡았는데, 그때 교육 예산을 줄이려고 우유 무상급식을 없애서 '우유 강탈자'라고 비판받기도 했습니다.

마거릿 대처는 총리 재임 중에 48개의 공기업을 민영화했습니다. 목적은 경제회복이었습니다. 2차 세계대전 직후에는 노동당 정부가 경제회복을 위해 국유화를 추진했고, 35년 뒤에는 마거릿 대처의 보수당 정부가 경제회복을 위해 민영화를 추진했습니다. 정권을 잡는 정당에 따라 정책이 어떻게 달라지는지를 보여주는 대표적인 사례입니다. 그러면 대처 정부가 추진한 민영화 정책은 효과가 있었을까요? 경제는 쉽사리 회복되지 않았고 실업자는 오히려 150만 명에서 300만 명으로 두 배나 늘었습니다. 보수당 안에서조차 민영화 정책에 대한 비판이 나왔습니다. 대처는 이렇게 대답했습니다.

숙녀는 돌아서지 않는다(The lady's not for turning).

정책을 되돌리지 않겠다는 대답이었죠. 마거릿 대처 정부는 가스, 전기, 수도, 자동차, 항공처럼 공공 서비스를 제공하는 공기업을 사기업에 팔았고, 저소득층을 위한 공영 주택을 저소득층이 아닌 부유한 개인에게 팔았습니다. 그 결과 여러 가지 문제점이 나타났는데, 민영화 과정에서 나타난 문제점에 대해서는 뒤에서 자세히 살펴볼게요.

대처의 임기가 끝날 즈음 동유럽에서 큰 변화가 일어났습니다. 동유럽의 사회주의 국가들이 경제체제를 자본주의로 바꾸기 시작했습니다. 동유럽 국가들은 대처의 민영화 정책을 적극적으로 받아들여 국영 기업을 민영화했습니다. 그 과정에서 정치권력자들이 기업가로 변신해서,

부정한 방법으로 공기업을 싸게 사는 등 자기 배만 불리는 문제가 나타나기도 했습니다.

동유럽 국가들에서 진행된 민영화를 계기로 민영화 정책을 맹목적으로 추종하는 세력이 생겼습니다. 우리에게도 낯익은 국제통화기금IMF 같은 국제금융기구는 금융위기에 처한 국가에 돈을 빌려주며 민영화를 강요했습니다. 우리나라도 IMF의 강요를 받았는데, 그에 대해서는 뒤에서 자세히 다루겠습니다.

공기업의 민영화는 신자유주의가 강조하는 주요 정책입니다. 앞으로 신자유주의를 자주 말하게 될 것이므로, 여기에서 신자유주의가 무엇인지 알아둘 필요가 있겠습니다.

사기업 우선의 신자유주의

혹시 신자유주의라는 말을 들어본 적 있나요? 우리나라에서는 2000년대 이후 이 말이 유행했지만, 다른 나라에서는 그 전부터 널리 쓰였습니다. 그 일등 공신은 마거릿 대처 영국 총리와 로널드 레이건Ronald Reagan, 1911~2004 미

마거릿 대처와 로널드 레이건

국 대통령입니다.

신자유주의를 처음 내세운 사람은 오스트리아 출신의 경제학자·정치철학자 프리드리히 하이에크Friedrich Hayek, 1899~1992입니다. 마거릿 대처는 대학 시절부터 하이에크를 존경해서 그의 이론을 열심히 공부했습니다. 역시 하이에크를 존경했던 로널드 레이건은 하이에크의 제자들을 경제 참모로 임명했습니다.

신자유주의와 자유주의는 이름이 비슷해 혼동을 일으킵니다. 신자유주의자는 자유주의의 뒤를 잇는다고 주장하기도 하지요. 둘은 같은 점도 있고 다른 점도 있는데, 다른 점에 주목할 필요가 있습니다. 본질적인 차이점이니까요.

자유주의는 이름 그대로 개인의 자유를 중요하게 여기는 사상입니다. 서양의 중세 왕조 국가에서 개인의 자유를 지키려고 노력하는 가운데 나타난 사상이에요. 중세 왕조 국가란 우리나라의 고려나 조선을 생각하면 됩니다. 그때는 개인의 자유가 제대로 보장되지 않았지요. 자유주의자의 사상은 한마디로 요약하면 이렇습니다.

그대로 내버려 두라!

프랑스어로 표현하면 '레세-페르laissez-faire'입니다. '레세laissez'는 영어로 '렛let'이고, '페르faire'는 영어로 '두do'입니다. 영국의 4인조 록그룹 비틀즈Beatles가 불렀던 노래 '렛 잇 비Let it be' 제목의 뜻이 바로 '레세-페르'입니다.

신자유주의가 나타나게 된 배경은 자유주의와 다릅니다. 1917년 러시아에서 사회주의 국가가 탄생했습니다. 신자유주의가 기치로 내세우는 것은 이 사회주의에 대한 반대입니다. 신자유주의는 사회주의의 '반사'에요. 사회주의 국가가 기업들을 국유화하자 신자유주의자들은 사기업의 자유를 주장합니다. 사회주의 국가가 계획경제를 하자 신자유주의자들은 시장의 자유를 강조합니다.

정리하면, 개인과 사기업의 '자유'를 강조한다는 점에서 자유주의와 신자유주의는 비슷해요. 다른 점은 자유주의는 '개인 우선'이고 신자유주의는 '사기업 우선'이라는 것입니다. 신자유주의자는 사기업의 자유를 위해 민주주의를 포기하기도 합니다. 대표적인 사례가 남미의 칠레입니다. 칠레에서 쿠데타가 일어나 독재 정권이 들어섰을 때 신자유주의자는 독재 정권을 위해 일했습니다. 사기업을 보호한다는 명분이었죠. 신자유주의는 한마디로 사기업을 우선하는 사상이에요. 신자유주의자가 공기업을 민영화해서 사기업으로 만들자고 주장하는 이유를 알 수 있습니다.

2장

공기업은 나쁜가?

공유지의 비극

'공유지의 비극'이란 말이 있습니다. 무슨 뜻일까요?

열 가구밖에 살지 않는 작은 마을이 있었어요. 그 마을에는 아주 좋은 풀밭이 있었습니다. 마을 사람이면 누구나 이용할 수 있었지요. 이처럼 사람들이 공동으로 소유하고 공동으로 이용하는 땅을 '공유지'라고 합니다. 풀밭은 백 마리의 양을 키우기에 적당한 크기였습니다. 그래서 각 집에서는 열 마리씩 양을 키웠지요. 어느 날, 갑동이네는 다른 집 모르게 양 한 마리를 더 키우기 시작했어요. 그만큼 소득이 더 늘어나리라 기대했죠. 그런데 얼마

지나지 않아 깜짝 놀랄 일이 벌어졌습니다. 그 좋았던 풀밭이 황무지가 되어버린 거예요. 마을 사람들은 그렇게 된 이유를 조사했습니다. 곧 모든 집이 서로 모르게 양을 한두 마리씩 더 키우고 있었다는 사실이 밝혀졌습니다. 백 마리의 양이 먹을 수 있는 풀밭인데 백열 마리가 넘는 양이 먹었으니 풀이 부족했고, 양들이 풀뿌리까지 먹어치우면서 풀밭은 쓸모없는 땅이 되어버린 겁니다. 이런 현상을 '공유지의 비극'이라고 해요.

공유지의 비극은 우리 주변에서 흔히 볼 수 있습니다. 동네에 보면, 쓰레기가 산더미처럼 쌓여 있는 곳이 있어요. 쓰레기를 버리지 말라고 경고판을 설치해놓아도 쓰레기가 계속 쌓이지요. 이런 현상도 공유지의 비극이라고 할 수 있습니다.

공유지의 비극은 미국의 생태학자 개릿 하딘Garrett Hardin, 1915~2003이 사용해서 유명해진 말이에요. 하딘은 과학잡지 《사이언스》에 〈공유지의 비극〉(1968)이라는 논문을 발표했습니다. 제목을 보면 땅에 관한 논문 같지만 실은 인구에 관한 논문입니다. 하딘은 토마스 맬서스Thomas Malthus, 1766~1834의 인구 이론에 관해 썼습니다. 영국의 정치경제학자 토마스 맬서스는 《인구론》(1798)이라는 제목의 책을 썼는데, 인류의 미래를 비관적으로 보았어요.

인구는 기하급수적으로 증가하고 식량은 산술급수적으로 증가한다. 그래서 과잉인구가 발생하여 필연적으로 식량은 부족해지고 빈곤과 범죄는 늘어난다!

《인구론》에 나오는 유명한 구절이에요. 맬서스의 주장대로라면 지금 인류는 심각한 식량문제를 겪고 있겠지요. 인구는 기하급수적으로 증가했지만, 다행히 과학 기술이 발전해서 식량문제를 해결했습니다. 그래서 이제 인류의 미래가 낙관적일까요?

하딘은 그렇지 않다고 말합니다. 인류를 구원해줄 기술은 없다는 겁니다. "지구는 인류가 함께 사용하는 공유지다. 작은 마을의 풀밭처럼 지구에서 불행한 사태가 필연적으로 일어날 수밖에 없다"라고 하딘은 주장했습니다. 하딘의 주장에 대해 여러분은 어떻게 생각하나요?

사라진 공익

공유지의 비극은 왜 생겼을까요? 앞의 사례를 다시 볼

까요? 집마다 양을 열 마리씩만 길렀다면 풀밭이 황무지가 되는 일은 없었겠지요. 저마다 자기 이익만 생각하니 풀밭이 쓸모없는 땅이 된 겁니다. 이처럼 공유지의 비극은 개인의 이기심으로 말미암아 생겨납니다. 사익을 극대화하려다 공익이 훼손되고 말았습니다.

개릿 하딘은 공유지의 비극이 어쩔 수 없이 일어난다고 했습니다. 과연 그럴까요? 그렇지 않습니다. 공유지의 비극은 막을 수 있습니다. 사익 추구를 절제하고 공익을 실천하면 됩니다. 사익만 생각하지 않고 공동체와 공익을 생각하고 실천하면 공유지의 비극을 막을 수 있습니다.

공유지의 비극을 막는 또 다른 방법이 있습니다. 공유지를 팔아서 사유지로 만드는 겁니다. 공유지 자체를 없애면 공유지의 비극도 없겠지요. 그러면 마을 사람들은 행복해질까요? 예를 들어 갑동이네가 풀밭 전체를 샀다고 가정해 볼까요? 갑동이네는 풀밭을 알뜰살뜰 가꾸며 자유롭게 양을 키울 수 있겠지요. 하지만 다른 집들은 양을 키울 수 없습니다. 풀밭을 이용할 수 없기 때문이에요. 갑동이네가 풀밭을 산 순간, 누구나 이용하던 풀밭은 누구도 이용할 수 없게 됩니다. 갑동이네는 사익을 누리지만, 마을 사람 전체를 위한 공익은 사라집니다.

신자유주의자는 공유지를 사유지로 만드는 방법을 좋아합니다. 신자유주의차가 볼 때 공기업은 공유지와 마찬가지입니다. 공유지를 사유지로 만들 듯 공기업을 민영화해야 한다고 주장합니다. 신자유주의자의 관심은 공익이 아닙니다. 신자유주의자는 효율에 관심을 둡니다.

효율은 '들인 노력'과 '얻은 결과'의 비율을 의미합니다. 예를 들어 1의 노력을 들여 10의 결과를 얻었다면 효율적인 거고, 10의 노력을 들여 1의 결과를 얻었다면 비효율적인 겁니다. 신자유주의자는 공기업이 비효율적이라고 주장합니다. 왜 그렇게 주장할까요? 3가지 문제를 제시하는데, '주인과 대리인 문제', '무임승차 문제', '연성예산 문제'입니다. 그 3가지 문제로 인해 공기업은 비효율적일 수밖에 없다고 주장합니다.

주인과 대리인 문제

갑동이네 반은 30명이에요. 30명이 모두 반의 주인입니다. 하지만 모두가 나서서 학급 일을 할 수는 없습니다. 그래서 반장을 뽑지요. 반장은 반을 대표하면서 30명을 대리해서 일하게 됩니다. 이런 관계를 '주인-대리인의 관계'라고 합니다.

공기업에도 주인-대리인의 관계가 있습니다. 공기업은 국가가 소유한 기업이니 공기업의 주인은 국민입니다. 국민은 주인이지만, 직접 공기업을 경영하기 어려우니 사장이나 대표와 같은 경영자를 두게 됩니다. 경영자는 국민을 대신하여 공기업을 경영하는 대리인입니다.

국민은 주인으로서, 대리인인 경영자가 공기업을 잘 운영하기를 기대합니다. 기대대로 성과를 내면 경영자를 그대로 유지하고, 성과를 내지 못하면 경영자를 바꾸면 됩니다. 너무도 당연한 얘기인 듯한데, 실제로 경영자를 바꾸는 일은 쉽지 않아요.

예를 들어 A라는 공기업에서 적자가 났습니다. 적자가 났으면 책임을 지고 경영자가 사퇴해야겠지요. 경영자가 순순히 물러날까요? 대체로 그렇지 않습니다. 경영자는 엄청난 양의 자료를 보여주며, 자신은 최선을 다했다고, 외부 환경이 안 좋아서 적자가 났다며 변명하곤 합니다.

경영자의 변명이 사실인지 거짓인지 판단해야 하는데, 그것도 쉽지 않아요. 국민은 공기업 A에 관한 정보가 별로 없기 때문이에요. 어쩔 수 없이 전문가에게 판단을 맡기게 됩니다. 대리인인 경영자의 문제를 판단하기 위해,

또 다른 대리인인 전문가를 고용하는 꼴이지요. 전문가에게 일을 맡기려면 엄청난 비용이 듭니다. 그리고 전문가에게 맡긴다고 문제가 완전히 해결되지도 않습니다. 전문가의 판단을 100% 믿어도 될까요? 만약 전문가가 오판하여 유능한 경영자를 교체하게 된다면, 더 심각한 문제가 발생할 수도 있습니다.

이처럼 국민은 공기업 경영자를 제대로 감독하기 어렵습니다. 그렇다 보니 경영자는 공기업 경영보다 자기 이익에 더 관심을 두게 된다는 것이고, 그런 이유에서 공기업이 비효율적이라고 신자유주의자는 주장합니다.

무임승차 문제

갑동이와 은유, 토성이가 모둠 활동을 했어요. 수수깡으로 건물을 만드는 활동이었어요. 갑동이와 은유는 열심히 했지만, 토성이는 성실하지 않았습니다. 모둠 활동 때 늦기도 하고, 나오지 않은 적도 있었어요. 결국 갑동이와 은유가 건물을 다 만들어서 제출했습니다. 수행평가 결과, 같은 모둠인 갑동이, 은유, 토성이는 똑같이 좋은 평가를 받았습니다. 토성이는 무임승차를 한 셈이에요.

무임승차란 차비를 내지 않고 차를 타는 행위입니다. 물론 요금을 안 내고 지하철을 타도 무임승차지요. 무임승차가 버스나 지하철에만 있을까요? 정당한 대가를 치르지 않고 이익을 얻는 행위는 모두 무임승차라고 할 수 있어요. 토성이는 별로 노력하지 않고도 좋은 평가를 받았으니 무임승차를 한 거예요.

무임승차 문제는 공기업에도 있습니다. 공기업 경영자를 감독하는 일에 노력하지 않고 다른 사람의 노력에 올라타려 하기 때문입니다. 왜 이런 문제가 생길까요? 경영자를 감독하려면 자기의 시간과 돈을 들여야 합니다. 만약 어떤 사람이 열심히 경영자를 감독해서 공기업의 이익이 늘어나면, 그 늘어난 이익은 어떻게 될까요? 열심히 노력한 사람에게 주어질까요? 그렇지 않습니다. 공기업의 주인인 국민 전체가 나누어 갖게 됩니다. 그래서 사람들이 공기업 경영자를 감독하는 일에 관심이 없게 됩니다. 우리 주변을 둘러봐도 자발적으로 그런 일을 하는 사람을 찾기 어렵지요. 만약 그런 일을 하는 사람이 있다면, 그 사람의 노력에 슬쩍 올라타고 싶을 뿐이지요.

공기업에서 무임승차 문제는 사람들이 경영자를 감독하는 일에 관심을 두지 않아서 생기는 문제입니다. 경영자는 국민의 감독을 받지 않으니 공기업의 이익보다 자기 이익을 먼저 생각합니다. 그래서 공기업은 비효율적이라고 신자유주의자는 주장합니다.

연성예산 문제

갑동이는 부모님에게 용돈을 받아요. 한 달에 1만 원의 용돈을 받으니, 1만 원의 범위 안에서 필요한 물건을 사고 간식을 사 먹어야 하지요. 갑동이는 곧 1만 원을 다 쓰고 부모님에게 용돈을 더 달라고 합니다. 부모님은 처음에는 안 된다고 하지만, 갑동이가 계속 요구하니까 결국 용돈을 더 줍니다. 이런 일이 반복되면 갑동이는 씀씀이가 헤퍼지겠죠. 용돈이 떨어지면 언제든 부모님이 더 주신다는 생각에 이것저것 마구 사게 됩니다.

이 사례에서 월 1만 원을 '예산'이라고 합니다. 예산이란 들어올 돈과 쓸 돈을 미리 계산해서 세운 계획을 의미합니다. 들어올 돈이 1만 원이면 쓸 돈도 1만 원으로 계획해야 예산을 잘 짰다고 할 수 있습니다. 갑동이는 어떤가요? 예산을 잘못 짰지요. 들어올 돈은 생각하지 않고 마구 썼으니까요.

갑동이는 정해진 예산을 모두 사용한 뒤 부모님에게서 용돈을 더 받았어요. 이런 경우, 갑동이의 예산은 '연성예산'이 됩니다. 연성은 부드럽고 연하다는 말이니, 잡아당기면 늘어날 수 있다는 말입니다. 그래서 연성예산이란 얼마든지 늘어날 수 있는 예산이라는 뜻이에요. 용돈이 계속 늘어난다면 애초에 용돈 액수를 정한 의미가 없어집니다. 갑동이는 용돈 사용에 주의하지 않고 마구 사용하는 습관을 들이게 됩니다.

연성예산 문제는 기업에도 적용됩니다. 용돈이라면 개인의 씀씀이가 문제겠지만, 기업의 경우라면 상황이 전혀 다르겠지요. 연성예산은 헝가리의 경제학자 야노쉬 코르나이Janos Kornai, 1928~2021가 만든 개념입니다. 사회주의 국가의 국영 기업을 분석하려고 만든 개념인데, 신자유주의자는 이를 공기업에 적용했습니다.

처음 정한 예산보다 지출이 많아지면 적자가 나겠죠. 적자가 커지면 기업은 파산하게 됩니다. 하지만 공기업은 국가가 운영하는 기업입니다. 따라서 공기업이 적자를 내면 정부가 그 적자를 메꿔줍니다. 공기업이 파산하면 공익이 훼손되고 노동자가 일자리를 잃기 때문입니다. 정부가 자꾸 적자를 메꿔주면, 공기업 경영자는 경영을 잘해 수익을 내려고 노력하지 않게 되겠죠. 경영자는 적자를 메꾸고 자기 자리를 유지하기 위해 정부의 환심을 사는 일에만 관심을 두게 됩니다. 그래서 공기업은 비효율적인 병든 기업이 된다고 신자유주의자는 비판합니다.

이처럼 신자유주의자는 '주인-대리인 문제', '무임승차 문제', '연성예산 문제'가 있어서 공기업이 비효율적일 수밖에 없다고 합니다. 사기업은 사정이 어떨까요? 사기업은 공기업과 같은 문제가 없을까요?

3장

사기업은 좋은가?

치킨집과 김밥집

치킨과 김밥은 한국인이라면 누구나 좋아하는 음식이에요. 그래서 동네마다 치킨집과 김밥집이 많이 있습니다. 치킨집과 김밥집의 공통점은 무엇일까요? 그것은 바로 둘 다 사기업이라는 점입니다. 사기업은 개인이 투자해서 경영하는 기업을 말합니다. 정부가 아닌 민간인이 투자하고 경영한다고 해서 민간기업이라고도 해요. 공기업과 대비하자면 민간기업보다 사기업이란 개념이 더 적합하겠죠.

사기업에는 개인기업과 공동기업이 있습니다. 개인기

업은 1인 기업입니다. 혼자 투자하고 경영하는 기업이에요. 동네에 있는 중국집, 치킨집, 피자집, 김밥집 등은 대개 개인기업입니다. 공동기업은 두 명 이상이 모여 만든 기업이에요. 여러 명의 주주가 투자해서 만든 주식회사가 대표적이죠. 주식회사는 오늘날 기업의 대표적인 형태에요. 이 글에서는 '사기업' 하면 주식회사를 가리킨다고 생각하면 되겠습니다.

공기업의 민영화는 공기업을 팔아서 사기업으로 만드는 것입니다. 공기업은 비효율적이어서 나쁘고, 사기업은 효율적이어서 좋으니 공기업을 민영화하자고 신자유주의자는 주장합니다. 앞에서 살펴본 대로, 공기업에는 '주인-대리인 문제', '무임승차 문제', '연성예산 문제'가 있다고 합니다. 그러면 사기업에는 그런 문제가 없을까요?

조용한 주주총회장

현재 우리나라에서 가장 큰 사기업은 삼성전자입니다 (2022년 매출액 기준). 삼성전자는 주식회사라서, 주식을 가진 주주가 주인이에요. 삼성전자의 주주는 과연 몇 명이나 될까요? 2022년에 600만 명을 넘어섰다고 하니 굉장하죠? 무려 600만 명 이상이 삼성전자의 주인이라는 이야기에요. 삼성전자보다는 작더라도 큰 사기업들은 주주가 수십만 명이 넘는다고 하지요.

혹시 '주식시장'이라는 말을 들어봤나요? 말 그대로, 주식을 사고파는 곳이에요. 주식시장에서는 수많은 사람이 매일매일 수많은 주식을 거래합니다. 자, 이제 주식시장에서 어떤 사람이 삼성전자 주식을 샀다고 가정해 볼게요. 그 사람은 이제 삼성전자의 주인이 된 것이니 경영에 직접 참여할 수 있을까요? 그렇지 않습니다. 거의 불가능합니다. 주식을 가진 사람이 너무 많아 모든 주주가 경영에 참여할 수 없습니다. 그래서 주주를 대신해서 경영자가 기업을 경영하게 됩니다.

흔히 주식회사는 소유와 경영이 분리된다고 말합니다. 주주와 경영자가 같지 않다는 것입니다. 주주는 주식회사의 주인이고, 경영자는 주인을 대신하는 대리인입니다. 주주와 경영자 사이에 주인과 대리인의 관계가 생겨납니다. 주식회사의 구조는 공기업의 구조와 다르지 않습니다. 공기업에서 나타나는 문제가 사기업에도 나타날 수밖에 없겠지요. 따라서 여기서도 '주인-대리인 문제'가 있습니다. 주주는 기업에 관한 정보가 적어서 경영자를 감독하고 통제할 능력이 없습니다. 주주의 감독을 받지 않는 경영자는 주주가 바라는 대로 경영하기보다 자기 이익을 우선하려는 유혹을 받게 됩니다.

드라마나 영화에서 보면, 주주들이 모인 주주총회장에서 커다란 소란이 일어나는 장면이 가끔 나옵니다. 폭력배가 동원되고 폭력이 행사되기도 하지요. 경영자의 경영에 불만을 품은 주주가 일으키는 소동입니다. 그러면 실제로는 어떨까요? 주주총회장에서 소동이 일어나는 일은 거의 없습니다. 주주는 경영자의 설명을 듣고 경영자가 제안한 안건을 별다른 이견 없이 승인합니다. 주주는 경영에 불만이 있더라도 입 한번 벙긋하기 어렵습니다. 경영에 관한 정보가 부족하기 때문이에요. 이처럼 주주는 경영자를 제대로 감독하기 어렵습니다.

무임승차는 여기서도

사기업에서 경영자를 감독하려면 어떻게 해야 할까요? 공기업과 마찬가지입니다. 주인인 주주가 자기 시간과 돈을 들여 감독해야 합니다. 반면에, 아무런 노력을 하지 않은 주주도 그 성과를 나누어 갖습니다. 그러니 자기 시간과 돈을 들여 경영자를 감독해야 할 동기가 없습니다. 경영자를 감독하기 위해 노력하지 않습니다. 다른 주주가 노력하면 그 주주의 노력에 편승하려고 생각하게 되지요. 바로, 무임승차 심리의 작동입니다. 공기업처럼 사기업에서도 경영자를 감독할 동기가 없으니, 무임승차 문제가 나타나겠지요.

이처럼 주인-대리인 문제와 무임승차 문제는 사기업에서도 나타납니다. 연성예산 문제는 어떨까요? 연성예산 문제는 정부가 재정지원을 하면서 나타나는 문제입니다. 언뜻 보면 사기업과 관련 없는 듯한데, 실제로는 어떨까요?

이름을 크라이슬러로 바꿀 거야

톰 팩스턴^{Tom Paxton, 1937~}은 미국의 유명한 싱어송라이터입니다. 팩스톤의 노래 중에 '나는 이름을 크라이슬러로 바꿀 거야(I'm Changing My Name to Chrysler)'라는 노래가 있어요. 그 가사에 이런 내용이 나옵니다.

당신이 대기업이고 당신이 엄청나게 실패했다면, 의회로

가라.

그곳에는 당신을 위한 안전망이 있다.

나는 이름을 크라이슬러로 바꾸고 워싱턴 D.C.로 갈 거야.

나는 힘 있는 브로커에게 말할 거야.

그들은 아이아코카에게 한 일을 나에게도 완벽하게 할 거야.

팩스톤은 2009년 그래미 평생공로상까지 받은 가수입니다. 그런 가수가 왜 이름을 크라이슬러로 바꾼다고 했을까요? 크라이슬러는 미국의 대표적인 자동차기업입니다. 1925년 월터 크라이슬러가 맥스웰자동차회사를 인수하여 회사 이름을 크라이슬러로 바꾸었습니다. 1950년대와 1960년대에 크라이슬러는 프랑스, 영국, 스페인의 자동차기업을 인수해 세계적 기업으로 성장했습니다.

1970년대가 되자 크라이슬러는 위기를 맞이합니다. 경영자가 판단을 잘못했기 때문이에요. 당시 오일쇼크가 발생해 전 세계적으로 석유 가격이 치솟았습니다. 오일쇼크는 원유를 생산하는 나라들이 짜고서 가격을 대폭 올린 사건이에요. 가격이 하루아침에 무려 4배나 올랐지요. 크라이슬러는 주로 대형차를 생산했습니다. 대형차를 운행하려면 그만큼 연료가 더 필요한데, 원유 가격이 치솟는 상황에서 대형차를 탈 사람은 거의 없었어요. 크라이슬러의 창고에는 신차 수십만 대가 쌓였고, 결국 크라이슬러는 1974년부터 적자를 기록했습니다. 적자는 1979년 11억 달러, 1980년 17억 달러로 점점 커졌고, 마침내 크라이슬러는 파산 위기를 맞았습니다.

크라이슬러는 정부에 구제금융을 요청했습니다. 구제금융은 정부가 파산 위기의 기업을 도와주는 금융입니다. 국민의 세금으로 공적 자금을 지원하는 거예요. 경영을 잘못해서 위기에 몰린 사기업이 국민 세금으로 도와달라고 하니, 당연히 비판이 제기되었지요.

팩스톤은 이 소식을 듣고 노래로 분노를 표현했습니다. 크라이슬러의 부도덕한 행위를 꼬집었고, 크라이슬러를 지원하려는 의회와 정부를 비판했습니다.

노래 가사에는 아이아코카도 등장합니다. 리 아이아코카Lee Iacocca는 미국의 기업가입니다. 자동차기업 포드Ford에서 쫓겨난 경력이 있었지만, 크라이슬러는 그를 경영자로 영입했어요. 아이아코카는 크라이슬러가 기대한 대로 구제금융을 신청하고 정부와 의회를 상대로 적극적으로 로비했습니다. 정부는 아이아코카가 요청한 대로 구제금융을 승인했습니다.

당시 대통령은 로널드 레이건이었어요. 미국의 40대 대통령 레이건은 경력이 독특해요. 일리노이주 유레카대학에서 경제학을 공부했는데, 대학 졸업 후에는 할리우드로 진출해서 영화배우가 되었습니다. 50여 편의 영화에 출연했고, 영화배우협회 회장을 맡기도 했어요. 레이건은 영국의 대처 총리와 함께 신자유주의를 이끈 인물입니다.

신자유주의는 자유 시장의 원리를 주장하지만, 사기업 보호를 최우선으로 합니다. 레이건 정부는 크라이슬러에 무려 15억 달러를 지원했습니다. 15억 달러면 당시 우리 화폐로 약 2조 원이나 되는 엄청난 돈이에요. 레이건의 파격적인 지원에 미국은 들썩였습니다. 자유 시장의 원리에 따르면 크라이슬러는 파산해야 맞지만, 레이건은 지원을 아끼지 않았습니다. 사기업 우선이라는 신자유주의 이념에 따라 공적 자금을 이용해 사기업을 구제한 것입니다.

사기업과 공기업 사이

우리나라에서도 사기업에 막대한 공적 자금을 투입한 사례가 있습니다. 1997년 금융위기(IMF 사태) 때입니다. 1997년 64조 원, 2000년 40조 원 등 2008년까지 총

168조 7,000억 원의 공적 자금으로 사기업을 지원했어요. 공적 자금은 국민의 세금이니 당연히 돌려받아야 합니다. 그러나 2020년 현재, 돌려받은 공적 자금은 117조 2,000억 원에 불과해요. 전체 공적 자금의 약 70%입니다. 공적 자금을 투입한 지 20년이 넘었는데도 아직 30%는 돌려받지 못한 상태입니다.

정부의 공적 자금 투입으로 공기업이 늘어났습니다. 정부는 사기업에 공적 자금을 지원해주고, 그 대가로 주식을 받았어요. 그 결과, 그 사기업들은 정부가 다량의 주식을 보유한 공기업이 된 거죠. 공기업이 되었던 기업 중에는 공적 자금을 갚은 기업도 있고, 공적 자금을 갚지 못해 정부가 팔아버린 기업도 있습니다. 정부가 2022년 한화그룹에 매각한 대우조선해양이 그런 사례에요. 어찌 되었든 그런 기업들은 다시 사기업이 되었지만, 아직도 51조 원 이상의 공적 자금이 회수되지 않았습니다. 상당수 기업이 여전히 공기업으로 남아 있다는 이야기에요. 우리은행이 공기업인 까닭입니다.

지금까지 살펴보았듯이, IMF 사태 이후 상당수 사기업이 공기업이 되었습니다. 이렇게 공기업이 된 기업 중에서 상당수가 나중에 다시 사기업이 되었고요. 상황이 이런데 공기업에 거부감을 가질 이유는 없겠지요. 뒤에서 다시 살펴보겠지만, 사적재(私的財, 공공재에 대비되는 재화)를 생산하는 기업 중에는 사기업과 공기업 사이를 오고 간 기업이 적지 않아요. 하지만 공공재를 생산하는 공기업은 다릅니다. 그런 공기업은 함부로 민영화하면 안 되지요.

연성예산 문제는 정부가 기업에 공적 자금을 투입하면서 생기는 문제입니다. 적자를 낸 공기업은 정부에 적자를 메꿔달라고 요청하고, 파산 위기의 사기업은 정부에 구제금융을 요청합니다. 정부는 공기업에는 예산을 지원하고, 사기업에는 구제금융을 지원합니다. 결국 연성예산 문제는 공기업과 마찬가지로 사기업에서도 생기는 문제입니다.

이처럼 주인-대리인 문제, 무임승차 문제, 연성예산 문제는 공기업과 사기업에서 공통으로 발생합니다. 그러므로 공기업은 나쁘고 사기업은 좋다고 주장할 수 없지요. 공기업과 사기업은 서로 다른 가치를 추구합니다. 공기업은 공공성을, 사기업은 이익을 우선의 가치로 보며, 공기업은 공익을, 사기업은 사익을 추구하지요. 결국 공기업을 민영화하자는 주장은 공공성보다 수익성을, 공익보다 사익을 우선하자는 주장입니다.

　이제부터 실제 민영화된 사례를 살펴보려고 해요. 공기업을 민영화한 결과는 과연 어땠을까요?

4장

민영화하면 좋은가?

영국의 철도

철도의 나라

영국은 철도의 나라입니다. 증기기관차를 발명한 사람이 영국 사람이고, 세계 최초로 철도를 놓은 나라도 영국이에요. 증기기관차가 발명되지 않았다면 철도는 탄생할 수 없었겠죠. 말이 끌고 가는 기차를 상상할 수 있을까요?

증기기관차를 발명한 사람은 조지 스티븐슨^{George} ^{Stephenson, 1781~1848}입니다. 스티븐슨은 집안 형편이 어려워 학교에 다니지 못했어요. 탄광에서 일하며 기계를 연구해 증기기관차를 만들었습니다. 1825년, 드디어 세계 최초의 철도가 개통되었어요. 영국의 두 도시 스톡턴과 달링턴을 연결하는 철로 위를 스티븐슨이 발명한 증기기관차가 달렸습니다.

철도사업은 사기업이 시작했습니다. 철도가 '돈 되는' 사업이라는 말이 퍼지면서 수많은 사기업이 뛰어들었어요. 경쟁이 과열되면서 기업 파산이 잇달았습니다. 철도가 교통에서 차지하는 비중이 점차 커지자 철도에 대한 인식이 바뀌었습니다. 철도를 공공재로 인식하게 된 거죠. 영국의 노동당 정부는 1947년 철도를 국유화하고 철도 공기업 브리티시레일BR을 만들었습니다.

영국에서 철도 민영화는 1993년부터 시작되었습니다. 영국 정부는 철도민영화법을 제정했습니다(1993). 당시 영국 보수당 정부는 마거릿 대처의 뒤를 이어 존 메이저 John Major, 1943~가 이끌었습니다. 그는 대처의 정책을 이어받아 공기업 민영화를 추진하며, 특히 철도 민영화에 공을 들였습니다. 1994년부터 본격화된 철도 민영화는 3년 만인 1997년에 완료되었습니다. 철도산업의 효율성을 높이고 철도서비스를 개선하겠다고 메이저 정부가 약속했는데, 과연 그렇게 되었을까요?

위험한 철도

철도 민영화가 완료된 해인 1997년 런던 서부 사우스올에서 철도 사고가 발생했습니다. 여객열차와 화물열차가 사우스올역 부근에서 충돌해 승객 7명이 숨지고 151명이 다친 큰 사고였죠. 이 사고 이후에도 철도 사고는 끊이지 않았습니다. 1999년에는 런던 패딩턴역 근방에서 열차 충돌 사고가 일어나 31명이 숨졌습니다. 2000년에는 런던 북부 하트퍼드셔주 하트필드에서 통근용 열차가 탈선하는 사고로 5명이 숨지고 수십 명이 다쳤어요. 철도 민영화가 시작된 1994년부터 2002년 사이에 중대 사고가 6차례나 발생해 총 56명이 사망했습니다.

중대 사고의 원인을 조사한 결과, 레일트랙Railtrack이 안전시설 운영에 소홀했다는 사실이 밝혀졌습니다. 레일트랙은 철도 민영화 과정에서 선로, 신호체계, 전자제어 장비, 노선체계, 배차와 같은 철도 인프라를 사들인 사기업이에요. 철도 인프라를 독점하며 막대한 수익을 올렸어요. 철도 민영화가 마무리된 첫해에만 3억 7,000만 파운드(약 7,400억 원)의 순수익을 기록했을 정도입니다.

레일트랙은 엄청난 이익을 거두면서도 시설 투자에는 소홀했습니다. 열차 보호장치를 설치하지 않았고, 신호

시설을 늘리지 않았고, 선로 균열을 방치했습니다. 비용을 줄여 수익을 높이려 했기 때문이지요. 그 결과, 중대 사고가 이어졌습니다. 2000년 하트필드에서 통근용 열차가 탈선한 후에는, 철도 시스템이 수개월 간 마비되는 철도 대란이 일어나기도 했습니다.

다시 국유화로

철도 사고만 문제일까요? 민영화 이후 철도 요금이 급격히 올랐습니다. 영국의 공영방송 BBC가 이렇게 보도했을 정도예요.

> 철도 민영화를 시작하고 10년 동안 영국의 물가는 65% 올랐지만, 런던에서 맨체스터까지의 철도 요금은 208%, 에딘버러까지의 철도 요금은 134%, 엑스터까지의 철도 요금은 205% 올랐다.

우리나라와 비교해보면, 영국의 런던-뉴캐슬 구간(432km)의 기차 요금은 거리가 비슷한 서울-부산 구간(423km)의 요금보다 5배 이상 비싸다고 합니다. 요금이 올랐으니 서비스는 좋아졌을까요?

영국의 철도 승객은 과거 어느 때보다 더 오래 열차를 기다린다. 열차 안은 매우 혼잡하다. 철도업계에서는 줄인다는 말만 들려온다. 인력감축, 서비스 저하, 심지어 노선 축소까지. 매달 비용 초과, 열차 운영자의 프랜차이즈 갱신 지연, 개선 약속 불이행, 실적 미달 및 서비스 저하에 관한 소식만 들려오는 듯하다.

영국의 경제 일간지 파이낸셜타임즈가 보도한 내용입니다. 철도 민영화 이후 서비스의 질이 오히려 나빠졌다고 합니다. 중대 사고가 발생하고 요금이 오르고 서비스 질이 저하되자 시민들이 항의하기 시작했습니다. 시민들은 철도가 공공재라 인식하고 다시 국유화하라며 시위에 나섰어요. 결국 시민들의 뜻에 따라 철도 인프라가 다시 국유화되었어요. 노동당 정부는 철도 인프라 관리자를 사기업인 레일트랙에서 공공기관인 네트워크레일Network Rail로 바꾸었습니다. 철도 민영화를 추진한 보수당도 철도 민영화가 실수였다고 인정했습니다.

현재 영국의 철도는 이원적입니다. 철도 인프라는 공기업이 운영하고, 열차 운행은 사기업이 담당합니다. 노동당은 열차 운행도 국유화하자고 주장합니다. 철도 민영화 이후에 나타난 부정적인 결과가 교훈이 되었지요. 영국의 철도는 재국유화를 향해 달리고 있습니다.

볼리비아의 수돗물

아구아스의 횡포

볼리비아는 어디 있는 나라일까요? 남아메리카 대륙의
가운데에 있는 나라입니다. 수도는 라파스이고, 두 번째
로 큰 도시는 산타크루스, 세 번째로 큰 도시는 코차밤바
입니다. 코차밤바는 해발 고도가 2,600미터여서 공기가
상쾌하고, 경관이 아름답고, 기후가 사람 살기에 적합합
니다. 남아메리카에서 가장 살기 좋은 지역으로 꼽히기도
해요. 이런 코차밤바에서 1999~2000년, 물 전쟁이 일어
났습니다. 시작은 수돗물 민영화였습니다. 볼리비아 정부
는 1999년 세계은행World Bank의 요구에 따라 코차밤바의
수돗물을 민영화했어요.

세계은행은 1946년 설립된 국제금융기구인데, 경제위
기를 맞은 국가에 돈을 빌려주는 역할을 합니다. 국제통
화기금IMF처럼 돈을 빌린 국가에 공기업을 민영화하라고
강요하기로 유명해요. 볼리비아 정부가 세계은행에 구제
금융을 신청하자 세계은행은 대도시 수돗물의 민영화를

요구했습니다. 볼리비아 정부는 요구를 받아들일 수밖에 없었고, 제3의 도시 코차밤바의 수돗물 운영권을 1999년 사기업 아구아스Aguas del Tunari에 넘겼습니다.

아구아스는 미국의 거대 건설사 벡텔Bechtel의 자회사입니다. 아구아스는 운영권을 넘겨받자 수돗물에 미터기를 달아 물값을 받았습니다. 심지어 주민들이 개발한 우물에도 미터기를 달아 물값을 받으려 했습니다. 횡포가 심했지요. 양동이에 빗물을 받아도 물값을 내야 하냐며 주민들이 항의할 정도였어요.

봉쇄를 뚫은 시민들

아구아스의 횡포는 물값 인상에서도 드러났습니다. 아구아스는 수도 요금을 갑자기 35%나 올렸습니다. 당시 코차밤바 주민 상당수는 평균 월수입이 100달러에 불과했는데, 이들은 월수입의 5분의 1인 20달러를 수도 요금으로 내게 되었습니다. 일부 주민은 수돗물을 먹지 않으려고 강물이나 호숫물을 길어다 썼는데, 물을 긷다 야생동물의 습격을 받기도 했습니다. 상황이 이렇게 되자 코차밤바 주민들은 폭발했습니다. 요금 인상에 반대하는 시위가 일어났습니다. 처음에는 2,000여 명의 시민이 시위에 참여했는데, 시위에 공감하면서 참여하는 시민이 늘어났습니다. 교수, 학생, 학자, 노동자, 농민들이 함께 시위에 나섰습니다.

정부는 계엄령을 선포하고 군대를 파견해 시위를 탄압했습니다. 시민들은 쉽게 물러서지 않았고, 정부는 코차밤바를 봉쇄했어요. 봉쇄가 무려 두 달이나 계속되었지만, 시민들은 후퇴하지 않았습니다. 볼리비아 정부는 결국 2000년 3월 수돗물 민영화를 철회했고, 이로써 물 전쟁은 끝났습니다. 볼리비아 정부는 아구아스와의 계약이 무효라고 선언했지만, 아구아스는 볼리비아 정부를 상대로 4,000만 달러 규모의 손해배상을 요구했습니다. 민영화를 잘못 추진하면 시민들이 엄청난 피해를 입는 사실을 보여준 사례입니다.

미국의 전기

팔려나가는 발전소

미국이라는 나라에서 전기가 끊기는 사태를 상상할 수 있을까요? 상상하기 어렵지만, 실제로 그런 일이 일어났습니다. 2001년 1월 17일과 18일 이틀간 미국 캘리포니아주에서 대규모 정전사태가 발생했습니다. 학교와 공장이 문을 닫았고 세계적인 IT 산업단지 실리콘밸리의 컴퓨터가 꺼졌습니다. 어떻게 이런 어처구니없는 일이 일어났을까요? 민영화가 그 원인이었어요.

그 일이 있기 전, 캘리포니아주 북부에 전기를 공급하던 회사는 태평양가스전기회사PG&E였습니다. PG&E는 사기업이지만, 공기업과 같은 공익 사업체였어요. 캘리포니아 공익사업위원회CPUC의 감독을 받았으니까요. PG&E는 캘리포니아 북부에서 전기를 생산해 가정 · 학교 · 사무실 · 공장에 전기를 보내는 일을 독점하고 있었습니다. 그런데 1996년 이후 상황이 달라졌습니다. 그해에 캘리포니아주 의회가 에너지자율화법을 만들었습니다. PG&E와 같은 공익 사업체의 독점을 없애고 다른 기업과 경쟁하게 만든다는 내용이었어요. 여러 기업이 경쟁하면 요금이 싸진다고 신자유주의자는 강조하곤 합니다. 과연 그 주장대로 되었을까요?

에너지자율화법에 따라 전기의 생산과 판매가 분리되었습니다. 전기를 생산하는 발전소는 민간에 팔렸고, 전기 판매는 공익 사업체인 PG&E가 맡기로 했습니다. 법에 따라 1998년까지 모든 발전소가 사기업에 매각되었습니다. 이때 엔론Enron, 미란트Mirant, AES, 듀크Duke, 칼파인Calpine, 릴라이언트에너지Reliant Energy 등 사기업이 발전소를 사들였습니다. 그래서 캘리포니아는 미국에서 최초로 전기를 민영화한 주가 되었어요.

끊겨버린 전기

전기 생산이 민영화되면서 전기공급이 복잡해졌습니다. 그전에는 PG&E가 전기를 생산해서 보내면 되었어요. 이제는 전기를 만드는 발전기업과 전기를 보내는 판매기업이 다릅니다. 판매기업인 PG&E는 발전기업에서 전기를 사서 가정·학교·사무실·공장으로 전기를 보내야 했어요.

전기요금은 두 가지로 나뉘었어요. 판매기업이 발전기업으로부터 전기를 사는 요금은 도매가격이고, 판매기업이 소비자에게 전기를 파는 요금은 소매가격이 되었어요. 도매가격이 소매가격보다 낮아야 소비자에게 문제없이 전기가 공급되겠죠. 하지만 캘리포니아에서는 그 반대의 일이 일어났습니다. 도매가격이 소매가격보다 비싸진 겁니다.

그 이유는 무엇일까요? 발전기업이 도매가격을 올렸기

때문이에요. 발전기업들이 전기 생산을 줄이거나 발전기업들끼리 짬짜미하는 식으로 도매가격을 올렸습니다. 반면에 판매기업은 소매가격을 함부로 올리지 못했습니다. 소매가격은 가정·학교·사무실·공장이 내는 요금이기 때문에 캘리포니아주 정부가 가격을 통제했어요.

도매가격은 오르는데 소매가격은 변동이 없자 급기야 도매가격이 소매가격보다 높아지는 현상이 나타났습니다. 판매기업은 적자가 날 수밖에 없었고, 돈이 없어 발전기업에서 전기를 사지 못하는 상황이 되었습니다. 결국 가정·학교·사무실·공장에 전기를 보낼 수 없게 되었지요. 이렇게 해서 2001년 1월 캘리포니아 북부에 정전사태가 일어난 겁니다. 정전사태에 깜짝 놀란 캘리포니아주 정부는 전기공급에 직접 개입했습니다. 판매기업에 긴급 자금을 투입하고, 발전기업과 장기계약을 맺어 전기를 안정적으로 공급할 수 있게 했습니다. 정전사태는 전기공급을 다시 공영화하고 나서야 해결되었던 것입니다. 이 것으로 끝났을까요? 민영화에 따른 후유증이 적지 않았어요. 캘리포니아주 전기요금은 40%나 인상되었습니다. 민영화하면 요금이 내려가지 않고 오히려 올라간다는 사실을 보여주었습니다.

멕시코의 통신

빌 게이츠와 맞먹는 부자

혹시 카를로스 슬림Carlos Slim, 1940~이란 이름을 들어 봤나
요? 멕시코의 통신기업 텔멕스Telmex의 회장이에요. 한때
미국 마이크로소프트의 빌 게이츠 회장과 세계 부자 순위
1위를 다투기도 했습니다. 슬림이 그렇게 엄청난 돈을 벌
수 있었던 것은 공기업의 민영화 덕분입니다. 텔멕스는
멕시코의 유선통신 전문기업입니다. 유선통신은 무선통
신과 반대되는 개념이에요. 전선으로 연결되는 통신이 곧
유선통신이에요. 집 전화나 사무실 전화와 같은 유선전화
그리고 유선 인터넷이 유선통신입니다.

텔멕스는 설립 당시에는 사기업이었는데 1972년 멕시
코 정부가 인수하면서 공기업이 되었습니다. 1990년 멕
시코 정부는 텔멕스를 카를로스 슬림에게 팔았습니다. 슬
림은 아버지에게서 물려받은 돈으로 텔멕스 주식의 51%
를 사들였어요. 이후 텔멕스는 멕시코의 유선통신시장을
독점했는데, 2011년에는 유선통신시장의 90% 이상을 차
지했습니다. 카를로스 슬림은 텔멕스를 바탕으로 다른 공
기업도 계속 사들였고, 빌 게이츠와 맞먹는 부자가 되었

카를로스 슬림

습니다.

민영화는 소비자의 짐

카를로스 슬림은 어떻게 그 많은 공기업을 살 수 있었을까요? 비결은 바로 정경유착입니다. 정경유착이란 정치인과 사기업가 사이에 맺어지는 부도덕한 밀착 관계를 말합니다. 사기업가는 정치인에게 불법적인 정치 자금을 제공하고, 정치인은 사기업가에게 특혜를 주어 부당한 이익을 얻게 하지요.

슬림은 텔멕스를 인수할 당시 대통령과 친한 관계였습니다. 슬림은 그런 관계를 이용해 경쟁 기업이 제시한 가격을 알아냈고, 그보다 높은 가격을 제시하여 텔멕스를 인수하는 데 성공했습니다. 텔멕스가 유선통신시장을 독점할 수 있었던 배경에도 대통령의 힘이 있었습니다.

텔멕스가 민영화되자 멕시코의 인터넷 요금은 미국, 영국보다 2~4배나 비싸졌습니다. 반면에 통신설비에 대한 투자 부족으로 서비스 보급률은 낮아졌습니다. 공기업이 사기업이 되는 순간 나타나는 일반적인 현상입니다. 사기업은 공익보다 사익을 우선합니다. 수익을 올리기 위해 요금을 올리고, 비용을 줄이기 위해 설비투자를 줄입니다.

텔멕스는 부정적인 사례의 대표격입니다. 민영화 과정이 정경유착을 통해 이루어졌고, 민영화가 한 개인의 치부 수단이 되었어요. 전 세계에 공기업의 민영화를 강요하는 세계은행조차 텔멕스의 민영화를 부정적으로 평가했습니다.

텔멕스를 민영화한 결과 소비자에게는 무거운 짐이 지워졌고,

수익은 외국인 주주와 정부가 나누어 가졌다.

지금까지 영국의 철도, 볼리비아의 수돗물, 미국의 전기, 멕시코의 통신이 민영화되었을 때 어떤 결과가 나타났는지 살펴봤습니다. 민영화 이후 요금은 오르고 설비투자는 줄어드는 현상이 공통으로 나타났습니다. 사기업이 수익성을 위해 공공성을 등한시한 결과입니다.

철도, 수도, 전기, 통신의 공통점은 무엇일까요? 바로 공공재라는 것입니다. 공공재의 민영화는 사기업에는 막대한 이익을 가져다주지만, 국민에게는 무거운 짐을 지워준다는 사실을 알 수 있습니다.

5장

민영화로 어떤 문제가 생겼나?

공공재 공기업

공공재에는 무엇무엇이 있을까요? 앞에서 철도, 수도, 전기, 통신을 공공재라고 했습니다. 그 외에도 공공재는 많습니다. 가스, 도로, 다리, 공원, 공항, 항만도 모두 공공재입니다. 공공재란 국민 누구나 이용할 수 있는 서비스나 시설을 말합니다. 그래서 공공재는 국민의 생활과 밀접한 연관을 맺고 있고 국민 전체의 삶에 영향을 미칩니다. 사회적으로도 큰 의미가 있고요.

그런 중요성을 인식해서 대부분의 나라에서 공공재는 공기업이 운영합니다. 이런 공기업을 앞으로 '공공재 공기업'이라고 하겠습니다. 공공재를 운영할 때 가장 중요한 가치는 공익입니다. 국민 누구나 이용하는 서비스와 시설이므로 당연히 공공의 이익을 우선해야겠죠.

공공재 운영은 사기업의 특성에 맞지 않습니다. 사기업은 짧은 기간에 적은 비용으로 많은 이윤을 얻고자 합니다. 공공재는 그런 특성과 어울리지 않습니다. 예를 들어, 공적 시설을 하나 만들려면 상당한 시간과 비용이 필요합니다.

인천국제공항을 예로 들어볼게요. 인천국제공항은 1989년에 설계를 시작해서 2000년에 1단계 공사를 마무리 짓고 개항했습니다. 설계부터 개항까지 12년이 걸렸어요. 들어간 비용은 5조 6,000억 원이었고요. 그런데 개항이 끝이 아닙니다. 인천국제공항은 5단계까지 공사해야 하는데, 5단계 공사는 2029년에 마무리될 예정입니다. 설계부터 마지막 공사까지 무려 40년이 걸리는 겁니다. 4단계까지 들어간 비용은 15조 원이 넘습니다. 5단계까지 끝내려면 천문학적 비용이 들겠지요. 이렇게 시간과 비용이 많이 들어가는 사업을 사기업은 좋아하지 않습니다. 국가가 나서서 공적 시설을 만드는 이유입니다.

또한 공적 시설을 유지하는 데도 상당한 비용이 들어갑

니다. 주변에서 도로를 보수하는 모습을 자주 보았을 겁니다. 도로 보수는 안전에 매우 중요합니다. 파손된 도로를 제때 보수하지 않으면 대형 사고가 일어날 수 있습니다. 철도도 마찬가지입니다. 안전 관련 시설을 항상 점검하고 유지·보수에 제대로 투자해야 합니다. 이런 투자에 소홀하면 큰 사고가 일어날 수 있습니다.

사기업은 비용이 늘어나는 것을 좋아하지 않습니다. 수익이 줄어들기 때문입니다. 어떻게든 비용을 줄여서 수익을 늘리려고 합니다. 그래서 사기업은 유지·보수 비용이 많이 드는 공공재 관리에 맞지 않습니다. 국가가 공기업을 만들어 공공재를 관리하는 이유입니다.

그런데도 공공재 공기업을 민영화한 나라들이 있습니다. 그곳에서 어떤 일들이 일어났는지 알아볼까요?

최악의 사고

앞에서 살펴보았듯이 영국에서는 철도 민영화 이후 중대 사고가 자주 일어났습니다. 많은 사람이 희생되었지요. 철로와 철도시설 같은 철도 인프라를 관리하는 사기업 레일트랙이 비용을 줄이려고 투자를 소홀히 해서 발생한 사고들이었습니다. 결국 영국 정부는 철도 인프라를 다시 국유화하지 않을 수 없었습니다.

이러한 문제가 영국에서만 있었을까요? 뉴질랜드의 사례를 보겠습니다. 뉴질랜드는 1993년 철도를 민영화했습니다. 그다음 해에 중대 사고가 발생했습니다. 기차 뒤편에 있는 전망 차량의 난간이 떨어져 나가면서 여섯 살 아이가 굴러떨어졌습니다. 이 사고 이후 철도를 국유화하자는 여론이 높아졌어요. 결국 뉴질랜드 정부는 2002년 오클랜드 인근 철도망을 국유화했고, 2010년에는 모든 철도를 국유화했습니다.

2023년엔 그리스에서 최악의 철도 사고가 일어났습니다. 원인은 역시 철도 민영화였습니다. 2023년 2월 28일, 아테네에서 테살로니키로 가던 여객열차가 테살로니키에서 라리사로 가던 화물열차와 정면충돌했습니다. 이 사고로 100명 이상이 죽거나 다쳤습니다. 시민들은 정부가 무책임하게 방관해서 대형 사고가 일어났다며 항의 시위를 벌였습니다. 그리스는 2017년 유럽연합[EU]으로부터 구제금융을 받았고, 그 대가로 공기업의 민영화를 강요받았어요. 그때 그리스 정부가 많은 공기업을 민영화할 때 철도역시 민영화되었습니다. 민영화 이후 철도기업들은 시설 투자를 소홀히 했습니다. 그 대신에 인원을 대폭 줄이는 바람에 기존에 2,100명이 하던 일을 700명이 하는 상황이 되었습니다. 그리스 정부는 철도 사기업을 통제하지 못했고, 그 결과 대형 사고가 일어난 것이지요.

급등한 공공요금

볼리비아의 코차밤바에서는 수돗물을 민영화하자 수돗물값이 대폭 인상되었어요. 수돗물 운영권을 넘겨받은 아구아스는 온갖 횡포를 일삼고 수도 요금을 갑자기 올렸습니다. 지나친 요금 인상에 시민들이 거세게 저항하자 볼리비아 정부는 수돗물 운영권을 국유화하지 않을 수 없었어요.

요금 인상은 볼리비아에서만 있었던 현상이 아닙니다. 철도를 민영화한 영국, 독일, 일본에서도 철도 요금이 대폭 올랐어요. 우리나라 서울-부산(423km) 구간을 기준으로 해서, 이와 비슷한 거리의 각 나라 요금을 비교해볼까요? 영국 런던-뉴캐슬(432km) 구간은 약 5배, 독일 프랑크푸르트-뮌헨(400km) 구간은 약 3배, 일본 도쿄-신오사카(552km) 구간은 약 4배나 비싸다고 합니다.

미국 캘리포니아주의 정전사태도 요금 인상 때문에 발생했습니다. 전기를 생산하는 발전기업들이 서로 짜고 공급가격을 대폭 올렸지요. 그 발전기업들의 중심에 엔론이 있었습니다. 엔론은 미국 텍사스주에 본사를 둔 사기업입니다. 한때 미국 최대 에너지 기업이었지만 2001년, 회계 부정 사건으로 파산했습니다. 이처럼 엔론은 이윤을 위해서는 부정도 서슴지 않는 기업이었습니다. 캘리포니아주 정전사태는 엔론을 중심으로 사기업들이 이윤 극대화를 꾀한 결과 발생한 사건이었어요. 사기업은 국민 생활의 편리와 편의라는 공공성을 무시했습니다. 결국 캘리포니아주 정부는 전기를 실질적으로 국유화해서 정전사태를 해결했습니다.

불안한 고용

공기업이 민영화되면 수많은 노동자가 일자리를 잃습니다. 영국의 철도를 볼까요? 영국의 철도 노동자는 1992년에 15만 9,000명이었습니다. 그런데 철도 민영화 직후인 1995년에는 9만 2,000명으로 대폭 감소했습니다. 민영화가 진행되면서 구조조정이 시작되었고, 그 결과 6만

7,000명에 달하는 노동자가 직장에서 쫓겨난 겁니다. 일본에서도 철도 민영화 과정에서 노동자가 대폭 줄었습니다. 1986년 일본 국철의 노동자는 27만 7,000명이었는데 철도 민영화를 시작한 1987년에는 20만 명으로 감소했습니다. 7만 7,000명이 일자리를 잃은 거지요.

민영화 과정에서 정부는 공기업의 인원을 줄이려고 합니다. 공기업을 인수하는 사기업이 인수 조건으로 공기업의 구조조정을 요구하기 때문입니다. 구조조정의 핵심은 인원 축소입니다. 정부는 공기업의 효율성을 높이겠다는 명분으로 민영화를 추진하지만, 공기업을 인수하는 사기업의 일차적 관심은 수익성입니다. 사기업은 수익성을 높이려고 비용을 줄이고자 합니다. 일차적으로 구조조정이라는 명목 아래 인원을 줄여 인건비를 줄이려고 하지요. 세계 각국의 사례를 볼 때 민영화는 노동자의 일자리를 뺏는 방식으로 진행되었습니다. 민영화가 진행되면 노동자의 일자리는 불안해집니다. 이런 일자리 불안은 그 자체가 공공성의 훼손, 즉 공익의 훼손입니다.

6장

공기업은 어떤가?

'국민차' 폭스바겐

여러분은 폭스바겐Volkswagen이라는 이름을 들어 봤나요? 폭스바겐은 우리나라에도 잘 알려진 자동차 브랜드에요. 독일어로 폭스바겐은 '국민차'를 뜻해요. Volk국민의 소유격 Volks와 Wagen자동차이 합쳐진 말이죠. 폭스바겐은 세계 1~2위를 다투는 자동차기업입니다. 폭스바겐자동차그룹에는 폭스바겐을 비롯해 아우디, 포르쉐, 벤틀리, 람보르기니, 부가티 등 11개의 유명 자동차기업이 속해 있습니다.

폭스바겐은 1937년 독일의 히틀러 정부가 설립한 공기업입니다. 아돌프 히틀러Adolf Hitler, 1889~1945는 폴란드를 침공하여 2차 세계대전을 일으켰고, 전쟁 기간에 유대인 학살을 자행한 인물입니다. 오스트리아 출신으로 1934년에 독일 총통이 되었고, 2차 세계대전에서 패배하자 부인과 함께 자살했습니다.

폭스바겐은 나치당의 조직인 독일노동전선(DAF, 1933년 나치가 창립한 노사 통합 단체)이 운영했습니다. 국민차의 대량 생산을 목표로 생산을 시작했지만, 2차 세계대전이 일어나자 생산을 중단했어요. 전쟁이 끝난 뒤 폭스바겐은 자동차를 본격적으로 생산했고 독일의 자동차산업을 이끌었습니다. 당시 폭스바겐은 독일 자동차의 50%를 생산했습니다.

독일 정부는 1960년에 폭스바겐 주식을 완전히 팔았습니다. 폭스바겐은 공기업으로 성공한 후 민영화한 사례입니다. 폭스바겐은 민영화되었지만, 폭스바겐의 본사가 있는 니더작센주는 여전히 폭스바겐 주식을 가지고 있습니다. 니더작센주가 소유한 폭스바겐 주식은 전체의 20% 정도에요. 니더작센주 정부는 폭스바겐의 일상 경영에는 간섭하지 않습니다. 대신 경영감독이사회에 참석해서 경영자를 감독합니다. 폭스바겐은 사기업이지만, 지방정부의 감독을 받는 사기업인 셈이죠. 니더작센주 정부는 감독자의 자격으로 폭스바겐이 중요한 결정을 내릴 때 영향력을 발휘합니다. 예를 들면, 니더작센주가 동의하지 않으면 폭스바겐은 사업장을 옮기거나 폐쇄할 수 없지요. 최근에 폭스바겐의 중국 신장 공장에서 인권침해 문제가 발생하자, 니더작센주 정부는 인권침해 문제를 해결하라고 요구했어요. 지방정부가 폭스바겐의 공공성을 감시한다고 할 수 있겠지요.

니더작센주에서는 선거 때마다 폭스바겐 주식의 처리를 두고 논란이 벌어집니다. 친(親)기업을 표방하는 정당에서는 폭스바겐 주식의 완전매각을 선거공약으로 내세우지요. 실제로는 그런 정당이 다수당이 되어도 주식을 매각하지 않습니다. 주식을 전부 매각해버리면 공장 이전, 설비투자 축소, 일자리 감소 같은 공공의 문제가 일어날 수 있다고 주민들은 걱정합니다. 주민들의 걱정을 정당들은 외면하지 않습니다. 공기업을 민영화하면 심각한 문제들이 발생할 수 있다는 점을 공유하기 때문이에요.

'친절한' 싱가포르항공

싱가포르항공Singapore Airline은 세계적인 항공기업입니다. 세계 최대의 항공 서비스 평가 기관인 스카이트랙스Skytrax에서 싱가포르항공을 4번이나 세계 최우수 항공사로 선정했습니다. 친절하고 편안한 기내 서비스로 여행객들에게도 인기가 높지요.

싱가포르항공은 역사가 오래되었습니다. 정치 상황에 따라 항공사 이름이 여러 차례 바뀌기도 했고요. 싱가포르항공은 1947년 민간자본으로 설립된 말레이안항공에서 출발했습니다. 1963년에 말레이시아가 독립하면서 말레이시아항공으로 이름이 바뀌었고, 1965년에 싱가포르가 말레이시아에서 독립하자 말레이시아-싱가포르항공으로 이름이 다시 바뀌었습니다. 말레이시아-싱가포르항공은 1972년에 말레이시아항공과 싱가포르항공으로 완전히 분리되었습니다. 말레이안항공은 사기업으로 출발했지만, 말레이시아가 독립할 때 국유화되었습니다. 싱가포르항공은 말레이시아항공에서 분리된 이후에도 여전히 공기업입니다.

싱가포르항공의 최대 주주는 테마섹Temasek입니다. 테마섹은 싱가포르 정부가 만든 공기업으로, 싱가포르항공 주식의 57%를 가지고 있습니다. 테마섹은 싱가포르항공 외에도 전화, 은행, 전기처럼 공공의 이익과 관련된 분야의 기업들을 소유하고 있습니다.

싱가포르는 공기업의 비중이 높은 나라입니다. 전화, 전기, 도로 등 공공재를 운영하는 기업은 모두 공기업이에요. 반도체, 조선, 해운, 은행 등 다른 나라에서는 사기업이 운영하는 분야도 싱가포르에서는 공기업이 운영합니다. 싱가포르는 흔히 사기업이 주도해서 경제발전을 이룬 나라라고 평가합니다. 하지만 그런 평가는 잘못된 의견입니다. 싱가포르는 공기업이 경제발전에 크게 기여한 나라입니다. 세계 최우수 항공사로 인정받는 싱가포르항공도 공기업으로 성공했고, 지금도 여전히 공기업입니다.

두몽의 뒤를 잇는 엠브라에르

비행기를 최초로 발명한 사람은 누구일까요? 바로 미국의 라이트 형제Wright brothers입니다. 형 윌버 라이트Wilbur Wright, 1867~1912와 동생 오빌 라이트Orville Wright, 1871~1948 형제는 어느 날 독일의 기술자 오토 릴리엔탈Otto Lilienthal,

1848~1896이 글라이더를 이용한 비행에 성공했다는 소식을 듣게 되었어요. 그래서 자신들은 기계를 이용한 비행기를 만들겠다고 마음먹었지요. 마침내 라이트 형제는 1903년 '플라이어Flyer'라고 이름 붙인 비행물체를 타고 59초 동안 260m를 날았습니다. 세계 최초의 비행기였습니다.

라이트 형제가 비행에 성공하고 3년 뒤, 이번에는 브라질 사람 산토스 두몽Santos Dumont, 1873~1932이 '14-Bis'라고 이름 붙인 비행물체를 타고 날았습니다. 산토스 두몽은 브라질에서 태어났지만, 18세 때 프랑스로 이주한 기술자예요. 두몽은 프랑스에 살면서 루이 까르띠에와 아주 친하게 지냈습니다. 까르띠에는 프랑스의 유명한 시계 기술자입니다. 까르띠에는 친구 두몽의 성공을 기념하기 위해 두몽의 이름을 딴 시계 브랜드를 만들기도 했습니다(까르띠에의 시계와 보석은 현재 전 세계에서 비싼 값에 팔리고 있습니다).

두몽의 비행기는 라이트 형제의 비행기보다 뛰어났습니다. 라이트 형제는 지렛대의 원리를 이용해 비행기를 띄웠지만, 두몽은 다른 도구를 이용하지 않았습니다. 두몽의 비행기가 기술적으로 뛰어났다고 해서 브라질 사람들은 두몽의 비행기를 실질적인 최초의 비행기라고 자랑합니다.

브라질 정부는 두몽의 뒤를 잇는다며 항공기 제작업체 엠브라에르Embraer를 만들었습니다. 브라질 하면 흔히 아마존 밀림을 연상합니다. 펠레나 네이마르와 같은 축구선수가 유명하고요. 브라질은 농업국가이고 후진국이라고 생각하는 사람도 많습니다. 실제는 전혀 다릅니다. 브라질은 2022년 말 현재 GDP국내총생산 순위가 세계 12위입니다. 13위인 우리나라보다 한 계단 높아요. 더욱이 항공산업에서 브라질은 선진국입니다. 엠브라에르는 브라질의 선진적인 항공산업을 이끌고 있습니다.

사실 브라질은 항공산업이 절실한 나라입니다. 국토 면적이 세계에서 다섯 번째로 넓지만, 국토의 절반 이상이 아마존 밀림 지역이에요. 이런 자연조건 때문에 육상교통이 열악한 지역이 많습니다. 브라질 정부가 일찍부터 항공산업을 육성한 배경입니다. 브라질 정부는 1969년 엠브라에르를 만들었고, 엠브라에르는 1970년대에 독자적으로 비행기를 개발하고 제작했습니다. 외국으로 비행기를 수출했고 세계적인 기업으로 성장했습니다. 엠브라에르는 현재 세계 3위의 항공기 제작업체입니다. 특히 중소형 비행기 분야에서는 점유율이 세계 1위에요.

엠브라에르는 1994년 민영화되었습니다. 브라질 정부

는 엠브라에르를 민영화하면서 황금주를 소유했습니다. 황금주란 아주 적은 수의 주식이지만 기업의 주요 결정에 거부권을 행사할 수 있는 특별주식입니다. 브라질 정부는 엠브라에르 주식의 1%만 소유하고 있는데, 그 1%의 주식이 황금주입니다. 브라질 정부는 엠브라에르의 거래를 거부할 수 있는 권리가 있습니다. 대신 엠브라에르에 재정지원을 합니다. 그런 면에서 엠브라에르는 여전히 공기업이라고 할 수 있습니다. 엠브라에르는 공기업으로서 세계적 기업으로 도약한 기업입니다.

프랑스 자동차, 르노

프랑스의 자동차기업 르노의 역사는 얼마나 되었을까요? 르노는 125년의 역사를 가진 기업입니다. 루이 르노, 마르셀 르노, 페르난도 르노 등 3형제가 1898년에 설립했으나, 2차 세계대전 때 루이 르노가 독일의 히틀러 정권에 협력한 죄로 전쟁이 끝난 뒤 국유화되었지요. 2차 세계대전이 끝난 뒤 르노는 공기업으로서 프랑스 자동차 산업을 이끌었습니다. 1970년대에 세계 여러 나라의 자동차기업을 사들였고, 세계적인 자동차그룹으로 발전했어요. 시트로엥의 중형 트럭 제조회사를 샀고, 푸조의 유럽 닷지 트럭 사업부 지분을 사들였고, 미국 맥트럭의 대주주가 되었습니다. 경영난을 겪던 일본의 닛산자동차와 우리나라의 삼성자동차를 잇달아 사들였습니다.

프랑스 정부는 현재 르노 주식의 15%를 소유하고 있습니다. 주식 지분은 적지만 르노의 경영에 직접 영향을 미치지요. 르노는 여전히 공기업이라고 할 수 있습니다.

르노 외에도 프랑스에는 공기업이 많았습니다. 통신, 전자, 철강, 정유, 건축처럼 경제에 상당한 영향을 미치는 분야의 큰 기업은 대부분 공기업이었습니다. 통신산업의 알카텔, 전자산업의 톰슨, 철강산업의 위지노르Usinor, 정유산업의 엘프아키텐Elf Aquitaine 등이 대표적입니다.

프랑스는 서유럽 국가 중에서 유독 공기업이 많습니다. 2차 세계대전의 전쟁터가 되는 바람에 피해가 컸던 프랑스 정부는 경제회복을 위해 주요 기업을 국유화했기 때문이에요. 프랑스의 공기업은 기술발전과 경제성장에 기여하면서 세계적인 기업으로 성장했습니다. 프랑스의 주요 사기업들은 공기업 시절에 발전한 뒤 민영화되었습니다.

대한민국 포스코

포스코^{POSCO}는 어떤 기업일까요? 포스코는 세계 3위의 제철 기업입니다. 제철 기업은 철을 만드는 기업이에요. 포스코도 공기업으로 출발했다가 민영화되었습니다. 공기업 시절에는 이름이 포항제철이었는데 민영화된 뒤 포스코로 바뀌었습니다. 포스코는 1968년에 설립되었는데, 설립 과정이 순조롭지 않았어요. 정부는 제철 공장을 지을 돈이 없었습니다. 세계은행에서 빌리려고 했지만 세계은행은 경제성이 없다며 거절했습니다. 당시 우리나라의 상황을 볼 때 세계은행의 판단은 터무니없지 않았습니다. 당시 우리나라는 제철산업을 감당할 능력이 되지 않았어요. 제철에 필요한 원료인 철광석이 없어서 오스트레일리아에서 들여와야 했어요.

당시 박정희 정부는 일본 은행에서 빌려온 돈으로 제철 공장을 지었습니다. 포스코는 설립된 지 5년 만에 제철 공장을 가동할 수 있었습니다. 그로부터 불과 10년 만에 세계적인 제철 기업으로 발전했습니다. 1990년대와 2000년대 초에는 뉴욕, 런던, 도쿄의 증권시장에 상장되는 등 세계적으로 인정받게 되었습니다. 정부는 1998년부터 포스코 주식을 나누어 팔았고, 2000년에 포스코는 완전히 민영화되었습니다. 포스코도 공기업 시절에 세계적 기업으로 발전한 후 민영화된 사례입니다.

공기업에는 두 종류가 있습니다. 공공재 공기업이 있고, 사적재를 생산하는 공기업도 있습니다(앞으로는 '사적재 공기업'이라고 하겠습니다). 사적재는 우리 주변에서 흔히 볼 수 있는 물건과 서비스입니다. 예를 들면 TV, 냉장고, 세탁기 등의 가전제품이 사적재입니다. '내'가 산 냉장고는 '나'만 사용할 수 있습니다. 이렇게 사적으로만 사용할 수 있기에 사적재라고 합니다. 앞에서 소개한 자동차, 항공권, 항공기, 철 등도 사적재입니다. '내'가 '내 돈'으로 사서 '나'만 사용하는 물건과 서비스이기 때문입니다. 사적재 공기업은 오래전부터 있었어요. 경제발전의 초창기에는 정부가 적극적으로 사적재 공기업을 만들기도 했습니다. 예를 들면, 독일은 18세기에 프리드리히 대제가 지시하여 직물, 금속, 무기, 도자기, 설탕 등의 공장을 지었습니다. 일본은 19세기에 독일을 모방해 여러 분야의 공장을 지었습니다. 싱가포르항공이나 르노처럼 사기업이었다가 공기업이 된 기업도 많았습니다.

사적재 공기업은 경제발전에 기여했습니다. 사적재 공

기업은 세계적인 기업으로 성장한 뒤 민영화되는 경우가 많았습니다. 독일의 자동차기업 폭스바겐, 브라질의 항공기 제조업체 엠브라에르, 우리나라의 제철기업 포스코 등이 그런 경우입니다. 이런 공기업은 사기업보다 효율성이 훨씬 높습니다. 따라서, 공기업은 비효율적이어서 나쁘다는 신자유주의자의 주장은 근거가 없습니다.

7장

1부를 마무리하며 – 공기업은 왜 필요한가?

서울시메트로9호선

서울지하철 9호선을 운영하는 회사 서울시메트로9호선은 공기업일까요? 아닐까요?

2012년 4월 15일 서울시메트로9호선이 갑자기 9호선 요금을 인상한다고 발표했습니다. 그러자 시민들은 두 번 놀랐습니다. 요금을 1,050원에서 1,550원으로 50%나 인상하겠다고 해서 한 번 놀랐고, 9호선을 서울시가 운영하는 줄 알았는데 서울시메트로9호선이라는 사기업이 운영한다고 해서 또 한 번 놀랐어요.

왜 서울지하철 9호선을 사기업이 운영하게 되었을까

요? 서울시가 9호선을 계획하면서 민간자본을 끌어들였기 때문입니다. 맥쿼리한국인프라투융자(맥쿼리)가 중심이 되어서 12개 사기업이 서울시메트로9호선을 설립하고 9호선 건설에 참여하였습니다.

맥쿼리는 서울시와 인연이 많아요. 주로 도로, 다리, 터널과 같은 공공시설에 투자하는 사기업입니다. 공공재 공기업의 민영화를 노리는 전문기업이지요. 서울의 우면산 터널에도 맥쿼리가 투자했습니다. 맥쿼리는 3부에서 다시 만나게 됩니다.

지하철 9호선 건설 비용은 서울시가 2/3, 서울시메트로9호선이 1/3을 부담했습니다. 그래서 서울시가 지하철을 소유하고 서울시메트로9호선이 지하철 운행을 담당하는 식으로 운영하기로 했습니다. 공공재를 민영화하는 하나의 방식이에요. 공적 시설을 만드는 데 비용이 많이 들기 때문에, 시설은 국가나 지방자치단체가 만들어서 소유하고 운영은 사기업이 하는 방식입니다.

서울시메트로9호선은 9호선 개통 때부터 높은 요금을 받으려 했습니다. 여론을 의식한 서울시가 반대하여 뜻을 이루지 못했지요. 그런데 개통한 지 3년 되던 해인 2012년 4월 15일, 서울시메트로9호선이 서울시와 협의도 하지 않고 기습적으로 요금 인상을 발표했습니다. 지하철 건설에 투자한 비용을 빨리 회수하려면 요금을 인상해야 한다는 논리였지요. 사기업이 수익성을 높이기 위해 요금을 인상하겠다는 고백이었어요. 시민들의 부담을 무시하고 공익을 소홀히 한 채 사익을 채우려는 시도였습니다.

서울시메트로9호선의 시도는 서울시의 반대로 실패했습니다. 서울시는 요금 인상을 허락하지 않았습니다. 한 걸음 더 나아가 서울시메트로9호선에 주었던 9호선 운영권을 회수할 수도 있다고 발표했습니다. 이에, 맥쿼리를 비롯한 사기업들은 서울시메트로9호선을 떠났습니다. 더 많은 수익을 추구하는 것이 어려워졌기 때문입니다. 그 후로는 한화생명, 교보생명과 같은 금융사들의 연합체가 서울시메트로9호선을 운영하게 되었습니다.

금융사들이 운영하는 서울시메트로9호선은 '공공업체' 가 되었습니다. 서울시메트로9호선은 서울시와 협약을 맺고 9호선 요금 결정권을 서울시에 넘겼습니다. 대신 서울시는 서울시메트로9호선의 손실을 메꿔주고 4%의 이익을 보장하기로 했습니다. 이런 조건이라면 공기업을 만들어 9호선을 운영하는 게 더 낫지 않을까요?

시민의 부담이 되는 민영화

서울지하철 9호선의 사례는 공기업이 필요한 이유를 말해줍니다. 사기업은 공공재를 운영할 때도 공익보다 사익을 우선합니다. 수익을 늘리기 위해 시민의 부담은 생각하지 않고 요금을 인상하려고 합니다. 서울시메트로9호선은 투자금 회수를 목적으로 요금을 50%나 인상하려고 시도했습니다. 서울시가 적극적으로 통제하지 않았다면 9호선 요금이 얼마만큼 올랐을지 상상할 수 없습니다.

서울시는 서울시메트로9호선의 손실을 메꿔주고 이익을 보장한다고 계약했습니다. 서울시메트로9호선은 '공공업체'로 바뀌었지만 실제로는 금융사들이 참여한 사기업입니다. 서울시가 시민의 세금으로 사기업을 지원하는 꼴이 되었습니다. 처음부터 공기업을 만들어 운영했다면 시행착오를 겪을 필요가 없었겠지요.

전기, 수도, 가스, 철도, 전화를 운영하는 공공재 공기업은 서비스를 독점적으로 제공합니다. 국가가 소유한 시설을 독점적으로 이용하기 때문이에요. 만약 공공재 공기업이 민영화된다면, 공기업을 사들인 사기업은 공기업이 누리던 독점을 넘겨받게 되겠죠. 사기업은 수익을 높이기 위해 독점을 이용합니다. 시민의 피해를 생각하지 않고 요금을 인상하려 합니다. 사기업은 독점적으로 서비스를 제공하므로, 정부나 지방자치단체도 일방적으로 통제하기 어려워요. 사기업의 이익을 보장해야 요금 인상을 막을 수 있습니다. 서울시메트로9호선에 4%의 이익을 보장한 이유입니다.

사기업에 이익을 보장하려면 시민의 세금을 사용하게 됩니다. 시민의 부담으로 사기업의 이익을 보장하는 꼴이에요. 굳이 공공재 서비스를 사기업이 제공하게 할 이유가 없어요. 공기업이 공공재 서비스를 제공한다면 시민의 부담을 덜 수 있습니다. 공공재 서비스를 공기업이 제공해야 하는 이유입니다.

공기업을 민영화해서 성공한 경우와 실패한 경우를 모두 살펴보았습니다. 공공재 공기업을 민영화했을 때는 요금 인상, 안전 소홀, 노동자 해고 등 시민에게 부담을 주는 결과를 낳았습니다. 그런 역사적 경험으로 볼 때, 공공재 공기업은 민영화해서는 안 된다는 결론을 얻을 수 있었습니다.

2부

기업만 우선하는 민영화 사상

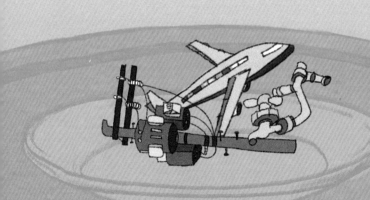

존 로크, 자유주의 사상의 창시자

명예롭게 돌아온 로크

혹시 존 로크John Locke, 1632~1704라는 인물을 알고 있나요?

인간은 태어날 때부터 자유롭고 평등하며 독립적이다. 누구도
스스로 동의하지 않으면 다른 사람의 정치적 권력에 예속되지
않는다.

오늘날 누구나 당연하게 생각하는 원리입니다. 이런 원
리를 자유주의라고 합니다. 인간은 태어날 때부터 자유롭
지만, 자유주의는 인간이 생겼을 때부터 존재한 사상이

존 로크

아니에요. 자유주의의 원조를 찾아 추적하면 그 출발점에
존 로크가 있습니다. 로크는 영국의 철학자이자 정치가입
니다. 로크는 청교도혁명과 명예혁명을 경험했어요. 이
두 혁명은 영국 역사에서 매우 중요한 혁명이었습니다.
청교도혁명은 로크가 11세이던 1642년에 시작되었고,
명예혁명은 56세 때인 1688년에 일어났습니다.

청교도혁명은 크롬웰이 이끄는 의회파가 찰스 1세의
왕당파와 싸워 승리한 혁명입니다. 찰스 1세가 쫓겨나고
공화정이 수립되었으나, 크롬웰이 사망하자 청교도혁명

은 끝났습니다. 로크의 아버지는 크롬웰의 지휘를 받으며 싸운 군대의 기병대장이었습니다.

로크는 어렸을 때 청교도 교육을 받았고, 20세 때 옥스퍼드대학에 입학해 언어, 논리학, 윤리학, 수학, 천문학을 공부했습니다. 28세 때 옥스퍼드대학의 교수가 되었고, 5년 뒤에는 의학을 공부해서 의사가 됐습니다. 로크는 35세 때 샤프츠베리 백작을 만나면서 정치활동을 시작했습니다. 샤프츠베리 백작은 찰스 2세에 맞선 정치인이었습니다. 백작은 찰스 2세의 동생인 제임스가 왕이 될 수 없게 하는 법안을 제출했기도 했습니다. 찰스 2세와 갈등하던 백작은 반역 혐의를 받자 네덜란드로 망명했습니다. 이때 백작과 정치적으로 뜻을 같이해온 로크 역시 네덜란드로 망명했습니다.

찰스 2세가 죽고 동생 제임스가 제임스 2세로 즉위하자 몬머스 공작이 반란을 일으켰습니다. 반란은 곧 진압되었고, 로크는 반란의 배후 인물로 지목되었습니다. 로크는 생명의 위협을 느껴 망명지인 네덜란드에서도 가명을 쓰며 생활했습니다. 로크가 네덜란드에서 어렵게 생활하고 있을 때 영국에서 혁명이 또 일어났습니다. 제임스 2세는 반대파를 탄압하며 의회와 충돌했어요. 의회는 네덜란드에 군대 파견을 요청했습니다. 이에, 오렌지 공 윌리엄이 이끄는 군대가 영국에 상륙하자 제임스 2세는 프랑스로 망명했습니다. 이 사건을 명예혁명이라고 합니다.

명예혁명은 피 한 방울 흘리지 않고 명예롭게 이루어진 혁명이라고 해서 그렇게 이름 붙여졌습니다. 명예혁명은 온건하지만 매우 성공적인 혁명이었어요. 영국에서는 이 혁명 이후 다시는 혁명이 일어나지 않았습니다. 명예혁명으로 만들어진 정치체제가 오늘날까지 이어진다고 할 수 있습니다. 로크는 명예혁명과 함께 영국으로 돌아왔습니다. 로크의 사상을 지지하는 세력이 권력을 잡았습니다. 명예혁명은 로크의 철학에 영향받은 혁명이었습니다.

아담에게 주지 않았다

그러면 로크의 철학은 어떤 철학일까요? 로크는 자유주의의 창시자입니다. 개인의 자유를 옹호한 로크는 일생을 왕당파와 싸웠습니다. 왕당파는 국왕의 권력을 강화하려는 집단입니다. 왕당파는 왕권신수설을 믿고 받들었어요. '왕은 신으로부터 권력을 받았다'라는 주장이 왕권신수설입니다. '아버지가 집안을 다스리는 부권은 하느님이 아담에게 주었고, 왕은 아담에게서 부권을 이어받았으니 모든 사람은 왕에게 복종해야 한다'라고 왕권신수설을 대표하는 필머가 주장했습니다. 아버지의 부권과 왕의 왕권을 똑같이 보는 주장이었어요.

'하느님은 아담에게 나라를 다스릴 권리를 준 적이 없다'라고 로크는 반론합니다. 그는 그 이유를 네 가지로 들었습니다.

> 첫째, 하느님이 아담에게 자식들을 지배하는 권위나 이 세계를 다스리는 지배권을 주었다는 흔적이 없다.
>
> 둘째, 아담이 그런 권위나 지배권을 가지고 있다고 가정해도 아담의 후손들은 그런 권리가 없다.
>
> 셋째, 아담의 후손들이 그런 권리를 가졌다고 가정해도 누가 정당한 상속자인지 결정하는 법은 존재하지 않는다.
>
> 넷째, 만약 그런 법을 만들었다고 가정해도 아담의 자손 중 누가 그 직계의 자손인지 분명치 않다.

하느님은 아담에게 나라를 다스릴 지배권을 주지 않았으니, 왕은 아담에게서 지배권을 물려받을 수 없다며 로크는 왕권신수설을 부정했어요. 권력은 하느님에게서 나오지 않았다는 설명이었습니다. 그럼 권력은 어디서 나왔을까요?

자연 상태에서 맺은 계약

로크는 자연 상태에서 시작했습니다. 자연 상태는 국가가 생기기 이전의 상태를 말합니다. 자연 상태에서 인간은 어떤 상태였을까요? 로크는 이렇게 말했어요.

> 인간의 자연 상태는 평등한 상태이다. 자연 상태에서 인간은 아무런 차별 없이 모두 똑같이 자연의 혜택을 누리며 똑같은 능력을 행사할 수 있다.

인간은 자유롭고 평등한 존재입니다. 로크는 자연 상태에는 세 가지가 없다고 말했습니다.

> 첫째, 자연 상태에는 사람들 사이에서 일어나는 싸움을 판결할 때 공통의 기준이 되는 법률이 없다.
> 둘째, 자연 상태에는 법률에 따라서 온갖 분쟁을 해결할 수 있는 권위를 가진 재판관이 없다.

셋째, 자연 상태에는 정당한 판결이 내려졌을 때 그 판결을 지지
하고 집행해야 하는 권력이 없다.

법률과 재판관과 권력이 없으면 어떻게 될까요? 자유와 평등을 누리려 해도 매우 불확실합니다. 다른 사람이 '나'의 자유와 평등을 침해할 위험성이 있기 때문입니다. 이런 불확실성과 위험성에서 벗어나려면 국가가 필요하겠지요.

로크는 자연 상태에서 모든 개인이 동의해서 국가가 탄생했다고 말합니다. 그렇게 탄생한 국가는 공공의 복지를 위해 권력을 사용해야 한다고 로크는 강조했습니다.

자연 상태에서 개인들이 동의해서 국가가 생겼다는 주장을 사회계약설이라고 합니다. 로크는 자유롭고 평등한 개인들이 동의했다고 했으니, 민주주의 국가를 생각했다고 볼 수 있습니다. 로크가 생각한 민주주의 국가는 개인의 자유와 평등을 보호하는 국가입니다.

자유주의 철학

개인들이 자유롭게 동의해서 국가가 탄생했다는 로크

의 사회계약설은 국민주권론으로 이어집니다. 국민주권론은 국민이 국가의 의사를 최종적으로 결정한다는 사상이에요. 반면에, 왕권신수설은 왕이 결정한다는 사상입니다. 로크는 국민주권론을 내세워 왕권신수설을 물리쳤어요. 정치 권력은 주권자인 국민의 생명과 자유의 보호를 목적으로 해야 한다고 로크는 힘주어 강조했습니다.

로크는 자유주의 철학의 창시자입니다. 인간이 신분적인 억압을 받았던 시대에 인간의 자유와 평등과 행복을 존중하라며 탄생한 철학이 자유주의 철학이에요. 자유주의는 개인의 자유와 평등을 강조하는 철학입니다. 로크는 사회계약설을 통해 개인의 생명과 자유와 평등을 보호하기 위해 국가가 탄생했다고 했습니다.

로크는 국가의 역할을 부정하지 않습니다. 국가권력이 공공의 복지(공익)를 위해 사용되어야 한다고 했습니다. 여기서 자유주의와 신자유주의가 갈라집니다. 신자유주의자인 영국의 마거릿 대처 총리는 "사회라는 것은 없다. 남성과 여성의 개인들 그리고 가족들이 있을 뿐이다"라고 말했습니다. 개인만 인정하고 사회나 국가는 개인들이 만든 허깨비에 불과하다고 봤습니다. 그렇게 주장하는 신자유주의는 자유주의와 다른 사상입니다.

2장

애덤 스미스, 경제학의 아버지

차별받은 스미스

'보이지 않는 손'은 어떤 손일까요? '보이지 않는 손'은 애덤 스미스Adam Smith, 1723~1790가 사용해서 유명해진 말입니다. 이 말의 실체를 알아보기 위해, 우선 상점 주인들을 만나봐야겠어요.

정육점 주인, 양조장 주인, 빵집 주인의 이타심이 아니라 주인들의 이기심 덕분에 우리는 저녁 식사를 할 수 있다. 우리는 주인들의 이타심에 호소하지 않고 주인들의 이기심에 호소해야 한다. 주인들에게 우리의 필요를 이야기하지 말고 주인들의 이익을 이야기해야 한다.

애덤 스미스의 대표적 저작인 《국부론》(1776)에 등장하는 유명한 구절이에요. 정육점 주인, 양조장 주인, 빵집 주인은 자신들의 이익을 위해 고기와 술과 빵을 판매하죠. 우리는 그것들을 구매해서 저녁을 해결하고요. 너무나 당연한 일을 언급한 이 구절은 오늘날에도 큰 영향을 미치고 있어요. 신자유주의자는 이 구절에서 자신의 논거를 찾습니다.

애덤 스미스는 스코틀랜드 출신입니다. 스미스가 태어나기 10여 년 전에 스코틀랜드는 잉글랜드와 통합되어 사라졌습니다. 통합에 반대하는 사람들이 여전히 반란을 일으키고 있던 혼란의 시기였습니다. 스미스는 4세 때 집시들에게 납치되었다가 삼촌에 의해 구출되었다고 합니다. 14세에 글래스고대학에 입학했고 17세에 옥스퍼드대학의 장학생으로 선발되었습니다. 그는 옥스퍼드대학 시절, 스코틀랜드 출신이라는 이유로 차별받는다고 느꼈습니다. 그 탓인지 대학 생활에 흥미를 잃고 대학을 자퇴했습니다. 그는 스코틀랜드로 돌아가 28세에 모교인 글래스고대학의 논리학 교수가 되었습니다.

스미스는 오늘날 경제학자로 유명하지만, 철학자로 출발했습니다. 그는 36세 때 철학 저서인 《도덕감정론》(1759)을 발표하고, 가정교사로서 귀족인 타운젠트의 아들을 데리고 2년간 유럽을 여행했습니다. 여행을 마친 스미스는 글쓰기에 전념했고 마침내 《국부론》을 발표했습니다. 《국부론》은 경제를 연구한 최초의 저서에요. 스미스는 '경제학의 아버지'라 불리고 있습니다.

핀 공장 이야기

《국부론》의 '국부'는 무엇일까요? 국부國富는 국가의 경제력을 말합니다. 《국부론》은 국가 경제력의 본질을 밝혀 놓은 책입니다. 900쪽이 넘는 두꺼운 책이지만 그 안에서 전개되는 경제 이론은 단순해요.

> 모든 상품은 노동자와 농민이 노동해서 생산한다. 상품 가치의 원천은 노동이고, 국부의 본질은 노동자와 농민의 노동에 달려 있다.

스미스의 주장은 이렇게 요약할 수 있습니다. 국부의

애덤 스미스

본질을 알았으니, 이제 국부를 늘리는 방법을 알아봐야겠
어요. 스미스는 핀 공장에 관해 이야기합니다.

핀 공장에서 일하는 노동자들은 몇 개 부문으로 나누어져 특정
한 노동을 수행한다. 첫째 사람은 철사를 잡아 늘이고, 둘째 사람
은 철사를 곧게 하고, 셋째 사람은 철사를 끊고, 넷째 사람은 철
사의 끝을 뾰족하게 하고, 다섯째 사람은 머리를 붙이기 위해 철
사의 끝을 문지른다. 만일 노동자 한 사람이 혼자서 핀을 만든다

면 아무리 열심히 일해도 하루에 20개 이상을 만들지 못한다. 핀 공장에서는 10명이 분업을 통해 하루 4만 8,000개 이상의 핀을 만들 수 있다. 한 사람이 하루에 4,800개의 핀을 만들어내는 셈이다.

스미스는 핀 공장을 예로 들어 분업을 강조했어요. 분업을 통해 더 많은 상품을 생산할 수 있고, 그만큼 국부가 늘어난다고 했습니다. 이처럼 단순한 스미스의 경제 이론이 오늘날에도 영향을 미친다니 의아하죠? 사실 스미스가 지금도 중요한 경제학자로 칭송받는 데는 다른 이유가 있습니다.

애! '보이지 않는 손'

다음의 구절은 아마도 《국부론》에서 가장 유명할 듯합니다.

사실 그는 사회의 이익을 추구하려고 의도하지 않았고, 자신이 사회의 이익을 얼마만큼 촉진하는지도 알지 못한다. 그는 단지 자신의 이익만을 의도했는데, 이때 보이지 않는 손에 이끌려 자

신의 의도 속에는 없었던 목적을 추진하게 되는 셈이다.

'보이지 않는 손'이란 말 때문에 유명해진 구절입니다. 사익을 추구하면 '보이지 않는 손'에 이끌려 공익을 실현하게 된다고 흔히 해석하는 대목이에요. 이 내용 덕택에 스미스는 《국부론》이 출판된 지 250년이 지났지만, 여전히 중요한 경제학자로 거론됩니다. 신자유주의자는 '보이지 않는 손'을 시장이라고 해석하면서, 정부가 개입하지 않고 시장에 맡기면 경제와 사회가 잘 돌아간다고 주장합니다.

그런데 사실 '보이지 않는 손'은 시장과 관련이 없습니다. 《국부론》을 보면 알 수 있어요. 900쪽이 넘는 《국부론》에서 '보이지 않는 손'은 딱 한 군데 등장해요. 바로, 앞에서 인용한 구절입니다. 수입 제한을 폐지하고, 기업가가 하고자 하는 대로 놔두라고 촉구하는 내용에 등장하는 구절이에요. 시장에 관해 서술한 부분이 아닙니다.

신자유주의자의 행동은 그들의 주장과 맞지 않습니다. 미국의 레이건 대통령은 자동차 회사 크라이슬러가 경영에 어려움을 겪자 막대한 돈을 투입했어요. 영국의 마거릿 대처 총리는 제조업의 구조조정을 강제해서 노동자를 대량 해고하고 노조를 탄압했습니다. 이처럼 신자유주의를 신봉하는 통치자들은 사기업을 위해 공적 자금과 공권력을 투입하는 등 서슴없이 개입했어요. 반면에, 복지 확대나 노동자·시민의 생활 개선을 위한 정부의 개입에는 강력히 반대합니다. 신자유주의를 사기업을 위한 이데올로기라고 평가할 수밖에 없는 이유입니다. 로크는 공공의 복지를 위해 국가가 역할을 해야 한다고 주장했지요. 신자유주의와 자유주의를 비교하면 두 사상은 다르다고 할 수밖에 없습니다.

그러면 스미스는 '보이지 않는 손'을 어떤 의미로 사용했을까요? 스미스와 함께 활동했던 사람들을 스코틀랜드 계몽주의자라고 해요. 스코틀랜드 계몽주의자는 개인의 사익 추구가 공익에 들어맞으면 정당하다고 주장했습니다. 사익을 추구하면 저절로 공익에 들어맞게 된다는 생각에는 반대했습니다. 의식적으로 노력해야 공익에 기여할 수 있다고 했지요.

스미스는 스코틀랜드 계몽주의자의 영향을 받았습니다. 스미스가 쓴 철학서인 《도덕감정론》에도 '보이지 않는 손'이 한 차례 등장해요. 스미스는 《도덕감정론》과 《국부론》을 동시에 수정·보완하는 작업을 했으니, 두 책에

쓰인 개념의 뜻은 같다고 보아야 합니다.《도덕감정론》에서 '보이지 않는 손'은 이성 혹은 양심을 가리킵니다. '보이지 않는 손'은 개인의 자율성과 자발성을 강조하기 위한 비유입니다. 시장처럼 특정한 사물이나 기능, 공간 등을 가리키는 비유가 아닙니다. 시장을 말하고자 했다면 시장이라고 쓰면 될 일이었어요. 사익을 추구하면 공익을 실현할 수 있다는 신자유주의자의 생각은 스미스의 생각과 관련이 없습니다.

자유주의 사상은 존 로크와 애덤 스미스를 거치며 완성되었어요. 정치적 자유주의가 확립되고 경제적 자유주의가 퍼졌습니다. 개인의 자유가 확대되었고 평등 의식이 고양되었습니다. 산업혁명이 일어나고 자본주의가 확립되는 초창기까지 자유주의는 전성기를 맞이했습니다. 하지만 자본주의가 성숙하면서 사정이 달라졌어요. 무늬는 자유주의지만 실내용은 자유주의와 다른 새로운 사상이 등장했습니다.

3장

스펜서, 신자유주의의 철학

조선의 개화파에도 영향을 준 사회진화론

허버트 스펜서Herbert Spencer, 1820~1903는 어떤 인물일까요? 스펜서는 영국의 철학자이자 사회학자입니다. 아버지는 지역학교를 세운 교사였지만, 스펜서는 정규교육을 받지 못했어요. 어린 시절부터 아파서 학교에 다니기 어려웠기 때문입니다. 어린 시절에는 아버지에게, 청소년기에는 신부였던 삼촌에게 배웠으나, 기초적인 교양이나 영어 글쓰기를 체계적으로 배울 수는 없었습니다. 스펜서는 대학 진학을 포기했지만, 일찍부터 잡지에 논문을 발표했습니다. 29세 때《이코노미스트》의 부주필이 되었고, 34세 때

삼촌이 죽으며 재산을 남겨주자 《이코노미스트》를 그만 두고 글쓰기에만 집중했습니다.

스펜서는 라마르크의 진화론을 좋아했습니다. 라마르크는 '진화'라는 말을 최초로 사용한 프랑스의 동물학자입니다. 생물은 단순한 형태에서 복잡한 형태로 진화한다고 주장했지요. 스펜서는 라마르크의 진화론에 큰 감명을 받았습니다. 스펜서는 진화론을 사회 현상에도 적용했습니다. 그래서 스펜서의 사상을 사회진화론이라고 합니다. 스펜서의 사회진화론은 유명한 찰스 다윈의 진화론과는 직접적인 관련이 없습니다. 스펜서가 사회진화론을 밝힌 《진보의 법칙과 원인》은 1857년에 발표되었고, 다윈의 대표작인 《종의 기원》은 그로부터 2년 뒤인 1859년에 출판되었습니다.

1870년대 이후 스펜서의 사회진화론은 전 세계로 퍼졌습니다. 영국과 미국에서는 스펜서의 저서가 옥스퍼드대학과 하버드대학의 교재로 사용되었습니다. 1890년대 말에는 스펜서의 저서가 프랑스어, 독일어, 스페인어, 이탈리아어, 러시아어 등으로 번역되었습니다. 그의 사회진화론은 우리나라에도 영향을 미쳤습니다. 조선 말에 일부 젊은 관료들이 사회진화론을 받아들여 문명개화를 추진

허버트 스펜서

하자는 개화파를 형성했습니다.

'백인의 짐'

스펜서가 사회진화론에서 말한 진화의 법칙은 단순합니다. 그는 단순성에서 복잡성으로의 발전이 진화이자 진보라고 했습니다.

단순성에서 복잡성으로 가는 변화가 유기체의 발전이라는 사실은 논란의 여지가 없는 정설이다. 그래서 유기체적인 진보의 법칙이 모든 진보의 법칙이라고 주장할 수 있다. 이처럼 연속된 분화를 통해 간단한 것에서 복잡한 것으로 가는 진화는 지구의 발전에서 생명의 발전, 혹은 사회, 정부, 공업, 상업, 언어, 문학, 과학, 예술의 발전에 이르기까지 모두 똑같이 적용된다.

스펜서는 자신의 주장을 증명하려고 태양계 생성, 지구, 기후, 식물과 동물의 사례를 들었습니다. 그중 동물의 경우를 보면, 어류는 척추동물 중에서 가장 단순하고, 파충류는 어류보다 나중에 나타나서 좀 더 복잡하고, 포유류와 조류는 파충류보다 나중에 출현해서 더 복잡하다고 했어요. 그런데 스펜서는 진화론을 사람에 적용하는 무리한 짓을 했어요.

문명인은 사지가 미개인보다 더 진화했다. 문명인은 능력의 범위가 더 넓고 다양하다는 점에서 미개인보다 더 복잡하고 정교한 신경 기능을 가졌다. 유럽인 어린아이는 하등 인종과 닮은 점이 여럿이다.

스펜서는 유럽인과 비유럽인을 구분하며, 유럽인은 문명인이고 비유럽인은 미개인이라며 유럽인이 인종적으로 우월하다고 했습니다. 사회에 대해서도 서유럽은 문명사회이고 서유럽 이외의 지역은 미개사회라고 했습니다. 이러한 백인종 우월주의와 차별적 세계관은 심각한 문제를 낳았습니다. 1870년대 이후 서유럽 국가들은 식민지를 지배하는 제국주의 국가가 되었습니다. 그때 서유럽 국가들이 내세운 논리가 유럽 우월주의였습니다. 제국주의자는 미개한 국가를 문명화해주기 위해 식민지로 만들었다고 주장했어요. 스펜서의 사회진화론은 제국주의자의 이데올로기였지요. 노벨문학상 수상자이자 《정글북》(1894)으로 유명한 키플링이 지은 '백인의 짐'이란 시에서도 스펜서의 사상을 읽을 수 있습니다.

백인의 짐을 져라

너희가 길러낸 최정예를 보내라
사로잡은 이들의 필요에 봉사하도록
너희 아들들을 유배길에 보내라
무거운 마구를 차고 대기하게 하라
우왕좌왕 대는 미개한 족속들을 위해
너희들이 갓 사로잡은 음침한,
반은 악마이고 반은 어린아이인 민족들을 위해

키플링이 미국의 필리핀 침략을 편들기 위해 지은 시입니다. '반은 악마이고 반은 어린아이인 민족'은 필리핀 사람을 가리킵니다. 키플링은 '미개한 족속'을 이끄는 것이 '백인의 짐'이라며 제국주의자를 옹호했습니다. 스펜서 사상의 문학적 표현이었어요.

그런데 신자유주의자는 여전히 서유럽 우월주의에 사로잡혀 있습니다. 신자유주의의 전파자인 IMF와 세계은행은 미국과 서유럽의 '선진 경제'를 도입하라고 강요합니다. 구조조정으로 노동자를 대량 해고하고 공기업을 민영화하라고 강요하는데, 우리나라도 1997년에 금융위기를 겪으며 경험했어요. 노동자와 시민을 고통스럽게 하는 경제가 과연 선진 경제인 것인지 의문이지요.

스펙 쌓기

스펜서는 정부 개입을 강력하게 반대했어요. 정부의 빈곤 구제정책에 반대해서 다음과 같이 썼습니다.

사회는 병들고 열등하며 신념이 없는 자들을 끊임없이 배제한다는 사실을 알지 못한 채, 정부의 개입을 지지하는 사람들이 있다.

정부의 개입은 정화작용을 중지시킬 뿐만 아니라 지금까지의 정화를 무효화시킬 가능성도 있다. 그런 행위는 열등한 사람들을 격려하는 반면, 유능한 사람들의 용기를 꺾는 짓이다.

스펜서는 가난한 사람을 생존경쟁에서 패배한 열등한 사람이라고 했어요. 그런 가난한 사람을 지원하는 정책은 생존경쟁에서 승리한 유능한 사람의 용기를 꺾는 짓이라고 주장했습니다. 정부의 빈곤 구제는 '정화작용'을 중지시키는 일이라고 했는데, 스펜서가 말한 정화작용이란 가난한 사람을 도태시키거나 배제하는 작용을 의미합니다. 이런 스펜서의 주장을 받아들일 수 있나요? 스펜서가 말하고자 하는 요지는 간단해요. 빈곤은 개인이 열등하고 게을러서 생겨난 결과이니 정부가 구제해서는 안 된다는 것입니다.

부와 지위를 가진 자는 생존경쟁에서 승리한 유능한 자이고, 가난한 자는 생존경쟁에서 패배한 열등한 자일 뿐이다.

스펜서의 인식이에요. 오늘날 신자유주의자는 스펜서와 똑같이 주장합니다.

빈곤은 개인의 문제이므로 복지정책은 불필요하다. 복지정책은 빈곤한 자들을 게으르게 하고 도덕적으로 해이하게 만든다. 복지정책은 낭비일 뿐만 아니라 사회의 질서를 교란하여 사회발전을 저해한다.

사용하는 용어는 달라졌지만, 알맹이는 스펜서의 주장 그대로입니다. 신자유주의가 우리나라에 들어온 이후 우리 사회에서는 무한 경쟁이 당연하게 여겨지고 '살아남는 것'이 가장 절박한 과제처럼 되었어요. 부와 지위로 성공과 실패를 나누고 차별하는 사회적 분위기가 형성되었습니다. 1등 지상주의, 능력주의가 최고의 가치로 자리 잡았습니다. 다수 학생과 다수 시민은 고달픈 상황입니다. 인간이 추구해야 할 소중한 가치는 뒷전으로 밀리고 '스펙 쌓기'가 지상과제가 되었어요. 신자유주의는 1등 지상주의, 능력주의를 스펜서의 사상에서 물려받았습니다. 스펜서의 사회진화론은 신자유주의를 통해 부활했습니다. 사회진화론을 바탕으로 신자유주의가 발전했습니다.

4장

하이에크, 신자유주의의 시발

두 가지 사건

프리드리히 하이에크Friedrich Hayek, 1899~1992는 어떤 집안 출신일까요? 그는 오스트리아의 귀족 가문에서 태어났습니다. 본래 이름은 프리드리히 폰 하이에크입니다. 1차 세계대전이 끝난 뒤 오스트리아에서 신분제가 없어지자 귀족 가문을 나타내는 폰von을 이름에서 없앨 수밖에 없었습니다. 그는 오스트리아 빈대학에서 법학과 정치학을 공부했습니다. 28세에 오스트리아 경기연구소의 소장이 되었고, 32세에는 영국 런던정치경제대학 교수가 되었습니다. 51세부터 미국 시카고대학에서 사회윤리학 교수로 재직했고, 말년에는 독일 프라이부르크대학의 종신 교수로 임명되었습니다.

하이에크는 두 가지 큰 사건을 목격했습니다. 하나는 1917년 러시아에서 일어난 사회주의 혁명이었고, 다른 하나는 1933년 독일에 등장한 나치 정권이었습니다. 하이에크는 사회주의 정부와 나치 정권을 모두 집단주의라고 생각했어요. 집단주의의 특징을 국가의 개입이라고 생각한 하이에크는 평생 국가의 개입에 반대하겠다고 마음먹었습니다. 그는 사상의 흐름을 바꾸겠다는 야심을 품었습니다.

2백 년 넘게 영국의 사상이 동쪽으로 전파되었다. 1870년 무렵에는 영국의 사상이 가장 동쪽까지 전파되었다. 그 후 자유주의 사상은 퇴조하기 시작했다. 그다음 60년간 독일이 사상의 중심지가 되었고, 20세기에 세상을 지배하게 될 사상들이 동서로 퍼져나갔다.

사회주의와 나치즘과 같은 집단주의는 독일에서 시작해서 동서로 퍼져나간 사상이라고 하이에크는 생각했어요. 하이에크는 영국에서 시작된 자유주의를 되살리겠다

프리드리히 하이에크

고 다짐하며 새로운 정치철학을 창시했습니다. 바로 신자
유주의였습니다.

자생적 질서?

하이에크에게 영향을 준 사람은 누구일까요? 허버트
스펜서입니다. 하이에크는 스펜서의 사회진화론을 받아
들여, 사회 질서를 자생적 질서와 인위적 질서로 나누었
습니다. 그는 자생적 질서는 진화의 과정에서 저절로 생
겨난 질서이고, 인위적 질서는 인간이 의도적으로 만든

질서라고 주장했습니다. 그는 국가가 인위적 질서라며 잘못된 질서라고 비판했습니다. 인위적 질서가 잘못된 질서인 것은 인간이 불완전한 존재이기 때문이라고 했습니다. 불완전한 인간이 만들었으니 잘못되었다는 주장이에요. 자유주의의 창시자 로크의 생각과 너무 다르네요. 로크는 인간을 자유롭고 평등한 존재라고 했지요.

그러면 하이에크가 바람직한 질서라고 한 자생적 질서는 무엇일까요? 바로, 시장입니다. 시장은 어떤 조직보다 정교하고 우월해서, 시장에서 목표를 이루고 이익을 얻을 수 있다고 하이에크는 말했습니다. 시장은 상품을 사고파는 곳입니다. 처음에는 사람들이 '○○마켓'처럼 개별적으로 만나 물건을 사고팔았어요. 점차 사고파는 물건이 많아지자 한곳에 모여 사고팔게 되었습니다. 그곳이 시장입니다. 시장은 인간이 의도적으로 만든 질서입니다. 하이에크 식으로 말하면, 시장은 인위적 질서이고 잘못된 질서지요.

하이에크가 시장을 자생적 질서라고 한 이유는 국가 개입을 반대하기 위해서입니다. 시장은 자생적이고 바람직한 질서이니 국가가 개입해서는 안 된다는 논리에요. 하이에크는 국가 개입을 극도로 싫어했습니다. 그는 공공재 생산을 민영화해서 사기업에 맡기라고 했어요. 도서관,

공공병원, 박물관, 공원, 공공교육에서도 정부는 손을 떼고 사기업에 맡기라고 했지요.

그러면 국가는 손 놓고 아무 일도 하지 않아야 할까요? 하이에크는 국가가 할 일이 있다고 했습니다. 국가는 사기업에 자금을 지원하는 일을 하라고 했습니다. 사기업을 지원하는 일에는 국가가 적극적으로 개입하라고 했습니다. 사기업 중심의 사고방식이에요.

뿐만 아닙니다. 그는 사기업을 위해서는 정치적 자유도 희생할 수 있다고 생각했어요. 그런 생각에서 칠레의 독재자 피노체트Augusto Pinochet, 1915~2006를 지지했습니다. 피노체트는 쿠데타를 일으켜 정권을 잡고 폭압적으로 통치한 인물입니다. 피노체트가 통치했을 때 칠레 국민의 1/10이 해외로 도피했고 3만여 명이 추방되었어요. 또한 4만여 명이 불법 구금되거나 고문을 당했고, 3,000여 명이 실종되거나 사망했습니다. 그런 피노체트 정권을, 정치적 자유 없이도 경제성장을 이룰 수 있다며, 하이에크는 지지했습니다.

하이에크는, 현대에는 민주 정부보다 독재 정부에서 개인의 자유가 더 안전한 사례가 많다고 말하기도 했습니다. 독재 정부에서 개인의 자유가 안전할 수 없지요. 하이에크가 말한 개인의 자유는 '사기업의 자유'였어요. 독재 정부마저 지지하는 하이에크의 신자유주의에서 공익은 자리 잡을 틈이 없습니다. 사기업의 사익만 중요할 뿐입니다.

독재 정권을 위해

하이에크는 피노체트가 통치하는 칠레를 방문한 후 이렇게 소감을 밝혔습니다.

나는 얼마 전에 칠레를 방문했고, 프리드먼이 이끄는 세미나의 회원들이 그 나라를 통치한다는 사실을 발견했습니다. 경제시스템이 놀랍게 잘 작동하고 있었습니다.

하이에크의 말에 밀턴 프리드먼Milton Friedman, 1912~2006이 등장합니다. 프리드먼은 미국의 경제학자로, 하이에크의 뒤를 잇는 신자유주의자입니다. 하이에크처럼 프리드먼은 피노체트 정권의 폭압 정치에 관심을 두지 않았습니다. 프리드먼의 제자들은 피노체트 정권을 위해 일했습니다. 프리드먼은 하이에크의 대표작 《노예의 길》(1944)의

출간 50주년 기념판(1994)에 서문을 썼습니다.

> 2차 세계대전 직후에는 정부의 규모가 작았고 지금처럼 주제넘게 개입하지 않았으나, 메디케어Medicare, 메디케이드Medicaid를 포함한 존슨의 위대한 사회Great Society 프로그램, 부시의 맑은 공기Clean Air, 장애아와 함께하는 미국인 법령Americans with Disabilities Acts이 모두 우리 앞에 있다. 그 이외에도 무수히 많은 정부 프로그램이 정부의 팽창을 가져왔다. 레이건은 단지 정부 지출의 성장 속도를 늦출 수 있었을 뿐, 방향을 바꾸지는 못했다.

메디케어, 메디케이드는 65세 이상 노인을 위한 의료보험입니다. 프리드먼은 그런 의료보험을 도입했다며 불만을 드러냈습니다. 환경을 위한 '맑은 공기' 법령, 장애아를 위한 법령에 대해서도 불만이라고 했습니다. 프리드먼은 신자유주의자인 레이건에 대해서도 불만이었어요. 레이건이 의료, 환경, 장애인 등 공익을 위한 정책을 없애지 못했다는 불만이었습니다. 하이에크와 프리드먼의 주장을 통해 신자유주의의 본질을 알 수 있습니다. 신자유주의는 사기업을 위한 이데올로기입니다. 신자유주의는 공익은 무시하고 사익은 절대화합니다.

5장

2부를 마무리하며
-'비인간적인 것'을 우선하는 신자유주의

자유주의와 신자유주의

이제까지 존 로크, 애덤 스미스, 허버트 스펜서, 프리드리히 하이에크의 사상에 대해 알아보았습니다.

자유주의와 신자유주의는 혼동을 일으킵니다. 이름만 놓고 보면 신자유주의는 자유주의를 새롭게 한 사상처럼 보입니다. 신자유주의자는 자유주의를 이어받았다고 주장하기도 합니다. 하지만 실제로 자유주의와 신자유주의는 서로 다른 역사적 배경에서 탄생한, 다른 사상입니다. 비슷한 측면도 있지만, 근본에 있어서는 상당히 다릅니다.

자유주의는 17~18세기에 존 로크, 애덤 스미스를 거치며 완성된 사상입니다. 로크와 스미스가 활동할 당시는 여전히 신분적 제약이 있던 때였습니다. 서유럽의 중세 사회는 영주와 농노라는 두 신분으로 나뉘어 있었어요. 영주는 태어나면서부터 영주였고, 농노는 태어날 때부터 농노였습니다. 신분은 바뀌지 않았습니다.

로크는 사회계약설을 주장했습니다. 자유롭고 평등한 개인들이 계약을 맺어 국가가 생겨났다는 주장이에요. 로크의 사회계약설은 민주주의의 토대가 되었습니다. 로크는 국가가 개인의 자유와 복지를 위해 역할을 해야 한다고 주장하기도 했습니다. 스미스는 개인의 경제적 자유를 주장했습니다. 개인의 경제적 활동에 정부가 개입하지 말라고 촉구했어요. 당시 자유주의자가 즐겨 사용한 구호는 '레세-페르laissez-faire'입니다. 자유방임이라는 뜻입니다. 로크와 스미스는 개인의 정치적 · 경제적 자유를 최고의 가치로 여겼습니다.

자본주의 경제는 19세기 말에 위기를 맞이했습니다. 이런 시대에 등장한 허버트 스펜서는 사회진화론을 주장했습니다. 스펜서는 개인의 자유보다 개인의 성공과 실패에 더 관심을 두었습니다. 노동자나 사회적 약자를 실패자로 규정했어요. 스펜서는 노동자나 사회적 약자를 위한 정부의 정책에 반대했습니다.

스펜서의 사상은 신자유주의의 철학적 토대가 되었습니다. 신자유주의의 창시자인 프리드리히 하이에크는 스펜서를 이어받아 사회진화론을 주장했습니다. 스펜서가 사회진화론을 통해 개인의 우열을 가렸다면, 하이에크는 사회진화론을 통해 시장을 자생적 질서라며 절대화했습니다.

자유주의자가 개인의 자유를 위해 정부의 개입에 반대했다면, 신자유주의자는 시장을 위해 정부의 개입에 반대했습니다. 관심의 대상이 '개인'에서 '시장'으로, '인간'에서 '비인간적인 것'으로 바뀌었습니다.

하이에크는 칠레의 독재자인 피노체트를 지지했고, 하이에크의 뒤를 잇는 밀턴 프리드먼의 제자들은 피노체트를 위해 일했습니다. 로크는 민주주의의 토대를 놓았는데, 하이에크는 민주주의의 파괴자를 응원했습니다. 신자유주의자는 사기업의 자유를 위해서라면 민주주의가 희생되어도 개의치 않았습니다. 자유주의자가 개인의 자유를 우선한다면 신자유주의자는 사기업의 자유를 우선합니다. 자유주의는 개인주의 이데올로기이고, 신자유주의는 사기업의 이데올로기입니다.

공기업을 민영화하라는 신자유주의자의 요구는 사기업의 이익을 대변합니다. 공기업은 전체 국민의 공익을 추구하고, 사기업은 사기업의 사익을 추구합니다. 공기업을 민영화하면 공기업이 생산하던 공공재는 사기업이 사익을 추구하는 수단이 됩니다. 공익은 사라지게 됩니다.

3부

민영화로 훼손되는 공공성

우리나라 공기업의 역사

최초의 공기업

독자 여러분은 갑신정변에 대해 배운 적이 있을 거예요. 오늘은 갑신정변의 배경이 된 우정총국이 우리나라 최초의 공기업이라는 관점에서 알아보기로 해요.

갑신정변은 1884년 김옥균, 박영효, 홍영식 등이 일으킨 정변입니다. 1884년이 갑신년甲申年이라 이름이 그렇게 붙여졌는데, 우리나라 역사에서 매우 중요한 사건이에요. 김옥균, 박영효, 홍영식 등은 서유럽의 문물을 적극적으로 받아들이자는 개화파였습니다.

개화파가 정변을 일으킨 1884년 12월 4일은 뜻밖에도 공기업과 연관된 날입니다. 개화파가 정변을 일으킨 장소는 우정총국이었고, 정변을 일으킨 날은 우정총국에서 기념행사를 하던 날이었습니다. 우정총국은 우편 업무를 하는 곳으로, 우리나라 최초의 공기업이었습니다. 개화파는 왜 우정총국에서 정변을 일으켰을까요? 개화파의 한 사람인 홍영식이 우정총국의 책임자였기 때문이에요. 당시 병조참판이던 홍영식의 건의로 우정총국이 1884년 4월 22일 설립되었습니다.

홍영식은 18세에 과거시험에 합격해 일찍 벼슬길에 올라, 신사유람단의 한 사람으로 일본에 다녀왔고, 보빙사의 일원으로 미국을 다녀왔습니다. 신사유람단은 일본의 내부 사정을 파악하기 위한 조사단이었고, 보빙사는 외교사절단이었습니다. 홍영식은 일본과 미국에 갔을 때 우체국을 눈여겨보았던 듯, 귀국하여 우체국 설립을 건의했고, 우정총국의 책임을 맡아 우편 업무를 준비했습니다. 궁궐에서 사용하는 의약품을 관리하는 전의감의 부속건물을 헐고 그 자리에 우정총국 건물을 지었는데, 지금도 그때 그 건물이 그대로 남아 있어서 체신기념관으로 이용되고 있습니다.

1884년 11월 18일, 우리나라에서 처음으로 우편 업무가 시작되었습니다. 이 역사적인 일을 기념하기 위해 12월 4일 우정총국에서 기념행사가 열렸습니다. 그날 홍영식, 김옥균, 박영효 등이 정변을 일으켰습니다. 개화파는 새로운 정부를 구성했고, 홍영식이 대표를 맡았습니다. 청나라 군대가 개입하면서 갑신정변은 불과 3일 만에 끝났습니다. 김옥균과 박영효는 일본으로 망명했고, 홍영식은 살해되었습니다. 갑신정변이 실패로 끝나자 우정총국의 운명도 결정되었습니다. 처음부터 끝까지 홍영식이 주도했던 우정총국은 사라졌습니다. 우편 업무를 시작한 지 20일 만이었습니다. 우편 업무의 시작을 기념해 다섯 종류의 기념 우표도 만들었는데, 사용되지 못했습니다.

우정총국은 없어졌지만, 우편 업무의 필요성은 점점 더 커졌습니다. 우정총국이 폐지된 지 12년 후인 1896년 농상공부 소속으로 우편국이 설치되었습니다. 1900년에는 만국우편연합에 가입하면서 외국과 우편물 교환을 시작했습니다. 우리나라 최초의 공기업은 이렇게 정치적 격변과 우여곡절을 겪으며 만들어졌습니다.

경인선 철도

　우정총국과 우편국 이후 공기업은 어떻게 되었을까요? 우정총국부터 계산하면 우리나라 공기업의 역사는 140년이 넘습니다. 공기업의 역사가 계속 이어진 것은 공기업이 그때그때 상황에서 큰 역할을 담당했기 때문이에요. 공기업의 오랜 역사를 제대로 살펴보기 위해 시기를 셋으로 나누려 합니다. 제1기는 1910년까지 최초의 공기업들이 만들어지던 때입니다. 제2기는 1945년 광복 이후 1960년까지이고, 제3기는 1960년대 이후예요. 시기별로 특징이 있습니다.

　제1기는 공기업들이 막 생겨나기 시작한 시기인데, 이때 공기업은 주로 정부의 부서였습니다. '기업'이라는 말이 아직 낯설던 때였습니다. 당시 국민의 다수는 농민이었어요. 옷, 그릇, 농기구 같은 공산품은 집에서 가족들이 힘을 모아 가내수공업으로 만들었습니다. '기업'이라는 말도 생소하고, '공기업'이라는 말은 더더욱 생소하던 시대였습니다.

　이 시대에 국민 생활에 필요한 일은 정부 부서들이 담당했습니다. 앞에서 보았듯이 우정총국이 정부 부서였고,

우편국은 농상공부 소속이었습니다. 사실 우편 업무를 담당하는 우체국은 지금도 정부 부서 소속이에요. 우편 업무 외에 은행·보험 업무까지 할 만큼 커졌지만, 여전히 정부 부서 소속이에요. 140여 년 전에 우정총국이 정부 부서였다는 게 이상한 일은 아니에요.

우편 외에 철도와 담배 사업을 위한 공기업도 생겼습니다. 철도 업무를 담당하는 철도국은 1894년에 설치되었습니다. 철도국은 2년 뒤인 1896년 미국인 상인 제임스 모스에게 경인선을 설치할 권리를 주었습니다. 모스는 주한 미국 공사 알렌을 앞세워 경인선 부설권을 가져갔습니다.

모스는 1897년 인천에서 경인선을 건설하기 시작했어요. 우리나라에서 시작된 첫 철도사업이었지요. 얼마 지나지 않아 자금이 부족해진 모스는 경인선 부설권을 일본에 팔았습니다. 일본은 경인철도합자회사를 내세워 철도 부설 작업을 계속했고, 마침내 1899년 서울 노량진과 인천을 잇는 경인선이 개통되었습니다. 경인선 철도가 개통되기 전에는 마차를 타거나 배를 타고 서울과 인천을 오갔습니다. 마차를 타면 서울에서 인천까지 12시간이 걸렸어요. 경인선 철도가 개통되자 불과 1시간 30분 만에 갈 수 있게 되었지요. 서울과 부산을 잇는 경부선, 서울과 평안북도 의주를 잇는 경의선 등도 잇달아 개통되었습니다.

한편, 담배를 생산하기 위해 순화국이 설치되었습니다. 순화국은 개화파가 주도해서 만든 담배 공장입니다. 유럽식 담배를 만들어 외국에 판매할 목적으로 만들었어요. 담배와 인삼은 전매사업이었습니다. 전매사업이란 국가가 생산과 판매를 독점하는 사업을 말합니다. 개인이나 사기업은 생산과 판매를 할 수 없는 사업이에요. 이런 전매제도는 1899년 대한제국 궁내부에 삼정과가 설치되면서 시작되었습니다. 대표적인 전매 상품은 담배와 인삼이었습니다.

공기업 제1기는 서유럽의 문물이 수입되던 때였습니다. 우리나라에는 서유럽 문물을 수입할 만한 사기업이 없었습니다. 따라서 정부가 이를 받아들이는 역할을 할 수밖에 없었습니다. 특히 우편이나 철도처럼 국민 생활과 밀접한 분야는 당연히 정부가 관리해야 했습니다. 제1기의 공기업은 서양의 문물을 받아들여 근대적인 산업 분야를 발전시키는 역할을 담당했습니다.

일제가 남긴 공기업이 정리되기까지

이제 제2기 공기업을 살펴볼 차례입니다. 1945년 우리나라는 광복을 맞이했습니다. 이때부터 시작된 공기업 제2기의 특징은 일제가 남긴 공기업의 정리였어요. 1910년 우리나라를 강제로 병합한 일제는 우리나라의 모든 산업을 장악하여 지배하기 위한 수단으로 수많은 공기업을 만들었습니다. 우편, 철도, 담배, 인삼 외에 에너지, 중공업, 기계공업, 운수업 등의 주요 산업 분야에서 공기업이 생겼습니다. 일제는 공기업을 통해 민족 기업의 발전을 억제하면서 식민지 수탈을 강화했습니다. 광복 후, 일제가 남긴 공기업의 처리가 주요한 문제가 되었습니다.

1948년 수립된 정부는 일제가 만든 공기업을 빨리 정리해야 했습니다. 식민지 수탈이 목적이던 공기업을 우리나라의 경제발전에 이바지할 수 있게 바꾸어야 했습니다. 하지만 정부의 무능으로 인해 공기업 정리가 제때 이루어지지 못했고, 그러다 1950년, 한국전쟁이 일어났습니다. 3년간 계속된 전쟁으로 전 국토가 잿더미가 되었습니다. 인적·물적 피해는 엄청났습니다. 남한의 경우만 봐도, 민간인과 군인을 포함해 170만 명 이상이 죽거나 다쳤습

니다. 게다가 산업시설의 50%가 파괴되었습니다. 그나마
부족했던 산업기반이 더 보잘것없게 되었습니다.

우리나라는 세계에서 가장 가난한 나라로 굴러떨어졌습
니다. 사기업은 매우 빈약해서 경제회복에 기여하기 어려
웠습니다. 공기업이 경제회복을 주도해야 하는 상황이었
지만, 그럴 수 있는 여건이 아니었습니다. 정부는 무능력
했습니다. 한국전쟁이 끝나고 5~6년이 지나서야 비로소
공기업이 정리되기 시작했습니다. 1950년대 후반에 공기
업과 관련된 법률이 만들어지면서, 우리나라 공기업의 골
격이 마련되었습니다. 1945년 광복 이후 10여 년이 지난
뒤였습니다. 한국전쟁 탓도 있었지만, 정부가 무능해서
나라의 기틀을 마련하는 데 상당한 시간이 흘렀습니다.

경제개발을 주도한 공기업

이제 제3기 공기업에 대해 알아볼까요? 1961년 5월
16일, 군사쿠데타가 일어났습니다. 보통 5·16쿠데타라
고 합니다. 이때부터 시작된 공기업 제3기의 특징은 무엇
일까요? 수많은 공기업이 만들어졌고, 또한 공기업의 민
영화도 시작되었다는 것입니다. 최근 들어서는 민영화에

반대하는 목소리가 커지고 있습니다.

5 · 16쿠데타를 일으킨 박정희 정부는 경제개발계획을 추진했습니다. 공기업을 활용한 정부 주도의 경제개발이 었습니다. 그런 목적에서 수많은 공기업을 새로 만들었지요. 1960년에 36개였던 공기업은 1970년에 120개로 늘어났어요.

박정희 정부는 정부 부서와 공기업을 구분하지 않았어요. 마치 공기업 제1기처럼 공기업을 정부 부서처럼 운영했습니다. 공기업은 정부가 경제를 통제하는 수단이었어요. 에너지, 중공업, 화학공업, 광업, 운수업, 건설업, 금융업 등 거의 전 분야에 공기업을 만들었습니다. 박정희 정부 때 만들어진 주요 공기업은 다음과 같습니다.

한국전력(1961), 공업제련(1961), 충주비료(1961), 대한통운 (1961), 대한항공공사(1962), 대한석유공사(1962), 호남비료 (1963), 한국수자원개발공사(1967), 농어촌개발공사(1967), 포항 종합제철(1968), 농업진흥공사(1970), 한국종합화학공업(1973), 토지금고(1975), 한국해외개발공사(1976), 근로복지공사(1977)

지금도 우리 귀에 익숙한 공기업들은 대부분 박정희 정

박정희(제5·6·7·8·9대 대통령)

부 때 만들어졌어요. 한국전력처럼 공공재 서비스를 담당
하는 공기업도 있었지만, 대부분 기간산업 분야의 사적재
공기업이었습니다. 정부가 경제를 완벽히 통제하려는 목
적에서 만든 공기업이었습니다.

　우리나라의 공기업은 1970년에 120개까지 늘어난 후
점차 줄어들었습니다. 공기업의 민영화가 추진되었기 때
문이에요. 이제부터는 공기업 민영화의 역사를 살펴볼 텐
데, 민영화 과정에서 여러 가지 문제가 터져 나왔습니다.

그중 대표적인 문제가 정경유착이었습니다. 민영화 과정은 상당수 재벌이 탄생하는 과정이기도 했는데, 정경유착을 통해 재벌이 탄생했습니다.

2장

우리나라 민영화의 역사

정경유착으로 얼룩진 민영화

정경유착이란?

앞에서도 말했듯이 스카이트랙스는 세계 최대의 항공 서비스 평가 기관으로, 매년 항공사 순위를 발표합니다. 대한항공^KAL^은 2022년에 세계 9위를 차지했습니다. 또한, 항공 안전 평가 기관인 에어라인레이팅스닷컴에 따르면, 대한항공은 2022년에 세계 4위였습니다. 최소한 세계에서 열 손가락 안에 드는 항공사인 거지요. 그런데 대한항공은 공기업이 민영화된 사기업입니다. 1962년 설립된 대한항공공사가 1969년 민영화되면서 대한항공이 되었어요. 설립된 지 7년밖에 안 된 공기업이 민영화된 것인데 왜 그런 일이 일어났을까요?

1960년대 초반, 경제를 통제하려는 목적에서 박정희 정부가 수많은 사적재 공기업을 만들었는데, 불과 몇 년 뒤에 부작용이 나타났습니다. 정부는 그 많은 공기업을 관리할 능력이 없었습니다. 무리해서 공기업을 만든 탓에 부실한 공기업이 잇달아 나타났습니다.

1968년, 정부는 어쩔 수 없이 공기업을 민영화하겠다고 발표했습니다. 부실한 공기업을 정리해 사기업을 키우겠다고 민영화의 이유를 밝혔습니다. 적자가 나는 공기업을 사기업에 팔겠다고 발표한 건데, 이후 공기업을 사기업에 파는 과정에서 끊임없이 특혜 이야기가 나왔습니다. 적자인 공기업을 파는데 왜 특혜시비가 불거졌을까요? 정경유착 때문입니다. 정경유착이란 앞에서도 말했듯이 정치인과 사기업가 사이의 부도덕한 밀착 관계를 말합니다. 사기업가는 정치인에게 불법적인 정치 자금을 제공하고, 정치인은 사기업가에게 특혜를 주어 부당한 이익을 얻게 하는 관계입니다.

1968년부터 1978년까지 10년 사이에 박정희 정부가 민영화한 공기업으로는 한국기계공업(1968), 대한해운공사(1968), 대한조선공사(1968), 인천중공업(1970), 대한항공공사(1969), 한국광업제련공사(1971), 워커힐호텔(1973) 등이 있습니다. 이 중에서 대한항공공사와 워커힐호텔이 특히 눈에 띕니다. 지금부터 두 기업의 민영화 과정을 살펴보겠습니다. 그 과정을 보면 정경유착의 양상을 알 수 있습니다.

재벌이 된 사기업

대한항공KAL은 공기업 대한항공공사에서 시작되었어요. 정부는 대한항공공사를 1969년 한진상사에 팔았고, 한진상사는 회사 이름을 대한항공으로 바꾸었습니다.

대한항공공사를 사들인 한진상사는 어떤 기업일까요? 한진상사는 1945년에 조중훈이 세운 사기업입니다. 처음에는 트럭 한 대로 운수업을 시작했어요. 주로 주한미군 기지에서 물자를 운반하는 일을 했는데, 나중에는 주한미군의 통근버스를 사들여서 버스 사업을 했습니다. 주한미군과의 인연으로 베트남에 파병된 미군과 계약을 맺어 물자를 나르는 사업을 하기도 했습니다.

한진상사는 항공 사업을 운영할 만한 능력을 갖추지 못했는데 대한항공공사를 샀습니다. 박정희 대통령이 권유

해서 대한항공공사를 사게 되었다고 한진상사 회장 조중훈이 말한 적이 있습니다. 정경유착의 실토였습니다. 대한항공공사의 민영화는 대통령과 사기업가 사이에 맺어진 유착의 결과였어요. 한진상사가 대한항공공사를 사는 조건부터 파격적이었어요. 5년 거치 10년 분할 상환의 조건이었습니다. 5년 거치는 5년 동안 그대로 둔다는 말입니다. 10년 분할 상환은 10년 동안 나누어 낸다는 말입니다. 한진상사는 대한항공공사를 사들인 값을 5년 동안 내지 않다가 이후 10년 동안 나누어 내면 되었어요. 대한항공을 운영해서 번 돈으로 산값을 치르면 되었지요. 한진상사는 실질적으로는 돈 한푼 내지 않고 대한항공공사를 산 셈이었습니다.

특혜는 이것이 끝이 아니었어요. 한진상사가 대한항공공사를 운영하기 시작하자 정부는 곧바로 타이베이, 홍콩, 사이공, 방콕 노선 신설을 허용했습니다. 항공사는 항공 노선이 많아야 돈을 벌 수 있습니다.

공기업 대한항공공사는 7년간 국내선과 서울-오사카 노선만 운항했었습니다. 그런데 사기업 한진상사는 항공 노선을 5개나 운영할 수 있게 되었습니다. 2년 뒤에는 황금 노선이라는 미국 노선이 허용되었습니다. 항공 노선의 확대는 엄청난 특혜였습니다. 한진상사는 대한항공공사를 사들인 후 재벌로 성장했습니다.

섬유회사로 간 호텔

워커힐호텔은 서울의 동남쪽 끝부분에 있습니다. 지금은 SK그룹이 소유한 이 호텔은 뜻밖에도 공기업이었습니다. 워커힐호텔은 어떻게 SK의 소유가 되었을까요?

워커힐호텔은 1963년 당시 중앙정보부(현 국가정보원)가 주도해서 지은 호텔이에요. 국가의 중요한 정보를 다루는 중앙정보부가 호텔 짓는 데 끼어들었다니, 이 또한 뜻밖이지요. 당시 3만여 명에 달하는 주한미군 병사들은 휴가철에 일본으로 휴가를 떠났습니다. 우리나라에 적당한 휴가 시설이 없었기 때문이에요. 유엔군 사령관 멜로이가 우리나라 중앙정보부장에게 이런 사정을 얘기했고, 중앙정보부장이 지시하여 호텔 건립이 추진되었습니다. 호텔 이름은 한국전쟁에 참전했다 사망한 월튼 워커 장군의 이름을 따서 워커힐호텔로 지었습니다. 1968년 워커힐호텔에 카지노가 허용되었습니다. 외국인만 이용할 수 있다고 했지만, 실제로는 한국인이 주로 이용해서 사회문제가 되었습니다.

워커힐호텔은 1973년 SK에 팔려 민영화되었는데, 정경유착의 또 다른 사례입니다. SK는 1953년 최종건이 선경직물을 사들이면서 시작되었어요. 처음에는 옷감을 만드는 직물회사로 출발했는데 선경화섬, 선경합섬을 만들며 종합섬유회사가 되었습니다. 섬유회사와 호텔은 관련이 없는데 섬유회사가 워커힐호텔을 사들인 이유는 무엇일까요? 이익 때문이었습니다.

워커힐호텔은 1968년 말 이후 계속 흑자였어요. 더욱이 SK에 팔리기 1년 전인 1972년에는 사상 최대의 흑자를 냈습니다. 이렇듯 잘나가는 워커힐호텔을 SK가 살 수 있었던 배경에는 정경유착이 있었습니다. 최종건과 당시 중앙정보부장 이후락 사이에 유착 관계가 있었어요.

워커힐호텔의 민영화는 정부의 주장에도 맞지 않는 민영화였어요. 정부는 적자를 내는 부실 공기업을 판다고 했는데, 워커힐호텔은 흑자 기업이었어요. 워커힐호텔의 민영화는 명백하게 정경유착의 결과였습니다.

공짜에 덤까지

새우가 고래를 먹었다!

자동차에 연료를 넣으려면 주유소에 가야 합니다. 주유소를 운영하는 기업은 여러 곳인데, 가장 큰 기업은 SK에너지입니다. SK에너지의 전 이름은 유공이고, 유공의 전 이름은 대한석유공사입니다. 이름에서 알 수 있듯이 SK에너지는 공기업이 민영화된 사기업이에요. 대한석유공사는 언제 어떻게 SK에너지가 되었을까요?

석유는 지금도 중요한 자원이지만, 과거에도 그랬어요. 국민 생활과 밀접히 연관되어 있어 정부가 직접 관리했습니다. 정부는 1962년 대한석유공사를 만들어 석유 공급을 관리했습니다.

군사쿠데타로 등장한 전두환 정부는 1980년 대한석유공사를 민영화했습니다. 석유는 사적재이지만 공공재 못지않게 국민 생활과 밀접하게 관련되어 있습니다. 따라서 민영화에 반대하는 목소리가 작지 않았어요. 하지만 전두환 정부는 무리하게 밀어붙여 끝내 민영화했습니다. 그 과정에서 사적인 관계가 작용했습니다.

대한석유공사를 산 기업은 SK입니다. SK는 이미 워커

전두환(제11·12대 대통령)과 로널드 레이건

힐호텔을 인수했는데 불과 10년 사이에 두 번째 공기업
을 사게 되었습니다. 사실 SK는 대한석유공사를 인수할
형편이 되지 못했어요. 당시 대한석유공사는 공기업과 사
기업을 통틀어 1위의 기업이었고, SK는 그 절반에도 미
치지 못하는 기업이었습니다.

　SK가 대한석유공사를 인수하자 '새우가 고래를 먹었
다'라는 말이 나왔습니다. 불가능한 일이 일어났다는 이
야기였지요. 어떻게 그런 일이 가능했을까요? SK그룹 회
장 최종현과 당시 국군 보안사령관 노태우의 유착 관계가
배경이었습니다. 최종현은 SK를 세운 최종건의 동생으

노태우(제13대 대통령)

로, 형이 죽자 회장이 되었습니다. 노태우는 전두환과 함께 군사쿠데타를 일으킨 핵심 인물입니다. 당시 국군 보안사령관으로 권력자였고, 7년 후인 1987년에는 제13대 대통령으로 당선되었습니다. 훗날 노태우의 딸(노소영)과 최종현의 아들(최태원)이 결혼하여 두 사람은 사돈 관계가 되었습니다. 이처럼 대한석유공사의 민영화는 권력자와 사기업가 사이의 밀착 관계에 따른 정경유착의 전형입니다. SK는 대한석유공사를 인수한 후 재벌로 성장했습니다.

누구를 위한 민영화인가?

경상북도 경주에는 보문관광단지가 있습니다. 경주 관광을 육성하기 위해 1979년에 문을 연 관광단지입니다. 근처에 불국사와 석굴암 같은 유명 관광지가 있어서 경주에 가는 사람들은 보문관광단지에서 머물곤 합니다. 보문관광단지 한쪽에 보문골프장이 있습니다. 박정희 정부가 국제부흥개발은행IBRD에서 돈을 빌려 지은 골프장이에요. 1979년 10월 개장할 당시에는 공기업이었는데, 전두환 정부는 불과 3년 만에 골프장을 라이프그룹에 팔았습니다.

처음에는 보문골프장을 팔 계획이 없었습니다. 전두환 정부는 보문관광단지 안의 경주조선호텔을 팔려고 했지요. 하지만 사기업들이 경주조선호텔에 관심을 보이지 않았습니다. 신자유주의자는 공기업이 비효율적이므로 팔아야 한다고 주장하는데, 사기업들은 비효율적인 공기업에 관심이 없습니다. 신자유주의자의 민영화 논리는 이렇게 현실과 맞지 않습니다.

전두환 정부는 계획을 바꾸어서 보문골프장을 끼워 팔기로 했습니다. 그 덕분에 경주조선호텔과 보문골프장이 팔리긴 팔렸습니다. 하지만 한 번에 거래되지 않고, 골프장이 먼저 팔리고 몇 달이 지나서야 호텔이 팔렸습니다.

사기업은 수익에 일차적 관심을 둔다는 사실을 다시 한번 확인할 수 있습니다.

라이프그룹은 3년 거치 5년 분할 상환의 조건으로 호텔과 골프장을 매입했습니다. 이번에도 골프장을 운영하는 수익금으로 산값을 내면 되는 구조였습니다. 정부가 호텔과 골프장을 공짜로 라이프그룹에 넘긴 셈이었어요. 경주조선호텔은 공짜로 주고 보문골프장은 덤으로 주었다는 평가가 나왔습니다.

라이프그룹이 받은 특혜의 배후에는 부도덕한 관계가 있었습니다. 라이프그룹은 경주조선호텔과 보문골프장을 사들인 후, 전 경주관광개발공사 사장을 호텔과 골프장의 사장으로 임명했습니다. 경주관광개발공사는 경주조선호텔과 보문골프장의 매각을 진행한 기관이었어요. 그런 기관의 대표가 거래가 끝나자 자리를 옮겼으니 부정이 있었음을 알 수 있습니다. 경주 보문골프장의 민영화는 수익을 내는 공기업을 과연 누구를 위해 매각하는 건지 생각하게 합니다.

이동통신의 역사

사돈 기업

1992년 8월 20일, 온 국민이 깜짝 놀랄 만한 발표가 있었습니다. SK가 제2 이동통신사업자로 선정되었다는 소식이었어요. 제2 이동통신사업자는 무엇일까요? 그것을 알려면 먼저 우리나라 이동통신의 역사를 살펴봐야 해요. 이동통신은 말 그대로, 이동 중에 무선으로 하는 통신이에요. 개인 핸드폰, 선박 전화 등을 말해요.

우리나라의 이동통신은 1984년에 시작되었어요. 당시 공기업인 한국이동통신이 서울 등 수도권지역에서 처음으로 이동통신 서비스를 시작했습니다. 서비스 이용자는 곧 급격히 늘어났습니다. 정부는 이동통신사업을 할 사기업을 선정하기로 했습니다. 한국이동통신에 이은 두 번째 사업자라서 제2 이동통신사업자라고 불렀어요. 당시 이동통신사업은 '황금알을 낳는 거위'라고 했습니다. 이용자가 많고 이익이 많은 사업이라는 의미였습니다. 이동통신사업자로 선정되는 것 자체가 특혜라고 할 수 있을 정도였어요. 정부가 이동통신사업자를 선정하겠다고 발표하자 SK, 코오롱그룹, 포스코가 경쟁했고, 최종적으로 SK

가 제2 이동통신사업자로 결정되었습니다.

SK로 결정되었다는 소식은 두 가지 면에서 놀라운 소식이었습니다. 첫 번째는 SK가 공기업들을 인수하며 성장해온 기업이라는 점이었어요. SK는 워커힐호텔을 사들였고, 대한석유공사를 사들였습니다. 그리고 그때마다 정경유착이라는 비판이 일어났습니다. 그런 SK가 제2 이동통신사업자로 결정되니 즉각 비판 여론이 일어났습니다. 두 번째는 SK 회장 최종현과 당시 대통령 노태우의 관계였습니다. 두 사람이 사돈 관계이다 보니 SK가 제2 이동통신사업자로 결정되자 정경유착의 결과라는 비판이 거세게 일어났습니다. 더욱이 노태우 대통령이 물러나기 직전에 내려진 결정이라 비판의 목소리가 더욱 높았습니다.

SK는 결국 비판 여론에 무릎을 꿇고, 사업자로 선정된 지 1주일 만에 사업권을 반납했습니다. 정경유착은 민주화 과정에서 항상 비판의 대상이었습니다. 당시는 1987년 6월 민주항쟁이 일어난 지 5년밖에 되지 않은 때였습니다. SK를 제2 이동통신사업자로 결정한 노태우 정부에 대해 비판적인 여론이 압도적이었습니다. 노태우 정부와 SK는 국민 여론에 굴복할 수밖에 없었고, 제2 이동통신사업자의 결정은 다음 정부로 넘겨졌습니다.

제1의 이동통신 기업

다음 정부인 김영삼 정부는 전국경제인연합회(전경련, 현 한국경제인협회)에 제2 이동통신사업자 선정을 맡겼습니다. 마침 당시 전경련 회장이 최종현이었습니다. SK는 제2 이동통신사업자 경쟁을 포기하지 않을 수 없었어요. SK가 포기하자 경쟁 관계였던 포스코와 코오롱그룹이 합작하기로 했습니다. 두 기업은 함께 신세기통신을 만들고, 017로 시작하는 핸드폰 번호를 사용하는 이동통신 서비스를 시작했습니다. SK는 제2 이동통신을 포기하는 대신에 공기업인 한국이동통신을 사기로 했습니다. 1984년 이동통신 서비스를 시작한 지 10년 만에 정부는 한국이동통신을 SK에 팔았습니다. SK는 한국이동통신의 이름을 SK텔레콤으로 바꾸었습니다.

정부는 이동통신의 경쟁력을 강화하기 위해 한국이동통신을 SK에 팔았다고 했습니다. 정말일까요? 한국이동통신을 SK에 팔고 나서 3년 만에 정부는 한국통신프리텔 KTF을 설립해 이동통신 서비스를 다시 시작했습니다. 016으로 시작하는 핸드폰 번호를 사용하는 서비스였습니다. 이렇게 다시 이동통신 서비스를 시작할 거였으면 한국이동통신을 SK에 팔 이유가 없었던 겁니다. 한국이동통신의 민영화는 수익성 좋은 공기업을 사기업에 팔아 사기업의 배를 불려준 셈이 되었습니다.

그러면 1994년 제2 이동통신사업자로 결정된 신세기통신은 어떻게 되었을까요? 신세기통신은 사업을 계속하다 결국 2002년 SK텔레콤에 흡수 합병되었습니다. 이제 SK텔레콤은 제1의 이동통신 기업이 되었습니다.

SK는 이렇게 워커힐호텔, 대한석유공사, 한국이동통신 등 수익성 좋은 공기업을 차례로 사들이며 재벌이 되었습니다. 그럴 수 있었던 비결은 바로 정경유착이었습니다. SK는 현재 재계 서열 2위의 그룹입니다(2022년 자산총액 기준).

김영삼 정부는 '공기업의 경영구조개선 및 민영화에 관한 법률'을 만들었습니다(1997). 이 법에 따라 공기업은 사기업처럼 주식회사가 되었습니다. 정부는 언제든 공기업의 주식을 팔면 공기업을 민영화할 수 있게 되었지요. 법에서는 공기업이 '경영의 효율성'을 추진해야 한다고 했습니다. 공기업에 공공의 복리보다 이윤 획득을 우선하라고 한 법률입니다. 공기업의 존재 이유를 없애는 법률이지요.

IMF가 강요한 민영화

공짜 점심은 없다

1997년에 'IMF 사태'가 터졌습니다. 당시 우리나라는 외국 빚을 갚지 못할 상황이었습니다. 국가가 부도날 판이었어요. 어쩔 수 없이 정부는 IMF에 구제금융을 신청했습니다. IMF는 돈을 빌려줬고, 우리나라는 급한 불을 끌 수 있었습니다. 이런 상황을 가리켜 'IMF 사태'라고 합니다.

IMF는 1944년에 만들어진 국제금융기구입니다. 미국 워싱턴 D.C.에 본부가 있고, 회원국이 현재 190여 개국에 달합니다. IMF는 금융위기에 처한 국가에 돈을 빌려주는 역할을 합니다. 경제학에는 "공짜 점심은 없다"라는 말이 있습니다. 미국의 유명한 신자유주의자 밀턴 프리드먼이 해서 유명해진 말입니다. 이 말은 미국의 서부 개척 시대에 생겼다고 합니다. 당시 어떤 술집에서, 술을 마시면 점심을 공짜로 주는 이벤트를 진행했습니다. 많은 사람이 그 술집으로 몰렸습니다. 처음에는 손님들이 술집 주인의 친절한 마음씨에 고마워했는데, 술값에 점심값이 포함되어 있다는 사실을 나중에 알게 되었습니다. 공짜 점심은 없었던 거지요.

김영삼(제14대 대통령)

IMF도 돈을 공짜로 빌려주지 않았습니다. 돈을 빌려주는 대가로 경제구조를 바꿀 것을 요구했습니다. IMF는 세계은행과 함께 신자유주의를 전파하는 기관이에요. 특히 공기업의 민영화를 집요하게 강요합니다. 우리 정부도 공기업의 민영화가 포함된 IMF 협약서에 서명하지 않을 수 없었습니다.

사라진 일자리

김대중 정부는 IMF와의 협약에 따라 공기업 민영화를

추진했습니다. 당시 공기업은 26개, 공기업이 만든 자회사는 82개였고, 공기업과 자회사에서 일하는 노동자는 21만 8,000여 명이었습니다. 김대중 정부는 8개의 공기업을 민영화했습니다. 그중에서 국정교과서㈜와 한국중공업의 민영화 과정을 살펴보겠습니다.

국정교과서㈜는 학생들의 교과서를 제작하던 공기업입니다. 1952년에 설립되었어요. 설립 당시에는 대한문교서적이었는데 나중에 국정교과서㈜로 이름을 바꿨습니다. 1956년에 유네스코의 원조를 받아 인쇄 공장을 지으면서 초등학교 교과서를 만들기 시작했습니다. 유신헌법이 제정된 후인 1974년 국정교과서 제도가 생겼습니다. 국정교과서는 국가가 만드는 교과서를 말합니다. 교육부가 교과 내용을 만들고 국정교과서㈜가 교과서를 제작했습니다. 국정교과서 제도는 1996년에 폐지되었습니다. 국정교과서 제도가 없어지자 국정교과서㈜는 민영화 대상이 되었습니다. 1998년 민영화 대상으로 지정되었고, 그다음 해에 교재 출판 전문기업 대한교과서㈜(현 미래엔)가 국정교과서㈜를 샀습니다. 국정교과서㈜가 공기업으로 설립되고 민영화되는 과정은 곧 학교 교과서의 변천과정이었습니다.

한국중공업은 1962년 현대그룹 회장 정주영의 동생 정인영이 세운 기업입니다. 설립 당시의 이름은 현대양행이었습니다. 현대양행은 미국의 자동차기업 포드와 손잡고 자동차 부품을 생산하는 기업으로 출발했습니다. 이후 국내 최초로 건설중장비를 생산하면서 중공업 회사가 되었습니다. 1970년대 말 현대양행의 사정이 어려워졌습니다. 오일쇼크로 경제 상황이 나빠지면서 그 영향을 받은 거지요. 1980년 전두환 정부는 현대양행을 국유화했습니다. 현대양행은 공기업이 되었고, 회사 이름은 한국중공업으로 바뀌었습니다. 한국중공업은 IMF 사태 때 민영화되었습니다. 2000년 두산그룹이 한국중공업을 사들였고, 회사 이름은 다시 두산중공업으로 바뀌었습니다.

한국중공업의 사례는 어려움을 겪는 사기업을 국유화했다가 다른 사기업에 매각한 사례입니다. 여기서 공기업은 자본주의 경제에 필요하다는 사실을 다시 확인할 수 있습니다. 한국중공업의 민영화는 헐값 민영화였습니다. 한국중공업의 가격은 5,000억 원으로 예상되었는데, 두산그룹은 3,000억 원에 인수했습니다. 공기업을 싼값에 매각한 사례입니다. 이렇게 헐값으로 민영화하는 것은 공공의 부를 사기업에 그대로 넘겨주는 꼴입니다. 특히 공

김대중(제15대 대통령)과 블라디미르 푸틴

기업을 외국의 사기업에 헐값으로 판다면 공공의 부가 해
외로 빠져나가 국부의 손실이 생기게 됩니다.

　김대중 정부 때 공기업 외에도 상당수의 공기업 자회사
가 정리되었습니다. 82개였던 공기업 자회사 중에서 66
개가 민영화, 통합, 청산의 방식으로 사라졌습니다. 당시
민영화된 공기업 자회사에는 고속도로관리공단, 노량진
수산시장, 우유를 생산ㆍ유통하는 기업인 매일유업 등이
있었습니다.

　공기업이 민영화되면서 수많은 일자리가 없어졌습니
다. 민영화는 노동자의 일자리를 불안하게 합니다. 상당

수 노동자가 구조조정 과정에서 해고되기 때문이죠. 구조조정은 기업구조를 효율적으로 개선하는 작업을 말하는데, 일반적으로 노동자의 대량 해고를 동반합니다. 당시 공기업과 공기업 자회사에 소속된 노동자는 21만 8,000여 명이었는데, 그중 8만 1,000명만 남았습니다. 나머지 13만 7,000명은 민영화 과정에서 구조조정으로 실직했습니다. 민영화는 노동자들에게서 일자리를 앗아갑니다.

3장

민영화, 성공인가? 실패인가?

매각 그리고 국민주

공기업 민영화는 어떤 방식으로 이루어질까요?

국민의 세금으로 키운 공기업의 주식을 국민주로 보급하여 경제
성장의 성과를 국민에게 골고루 나누겠다.

1987년 12월 대통령 선거에서 노태우 후보가 내놓은
공약입니다. 국민주 보급으로 공기업을 민영화하겠다고
했습니다. 국민주는 정부가 우량 공기업의 주식을 국민에
게 널리 보급하여 다수 국민이 주주로 참여하도록 하는

주식입니다. 이런 공약이 나오게 된 것은 공기업 민영화에 문제가 있었기 때문이에요. 당시 공기업 민영화는 주로 수의계약隨意契約에 의한 매각 방식으로 이루어졌습니다. 공기업을 인수할 기업을 가격 경쟁을 통해 결정하지 않고, 처음부터 특정 기업을 정해서 공기업을 인수하도록 한 것이지요. 정부는 이런 식으로 특정 사기업에 공기업을 팔았습니다. 당시 공기업 매각은 사기업에 주는 특혜였습니다.

앞에 나왔던 대한항공공사를 다시 예로 들어보겠습니다. 공기업 대한항공공사는 당시 항공 시장을 독점하고 있었어요. 대한항공공사를 사들인 한진상사는 당연히 항공 시장을 독점하게 됩니다. 정부가 독점이라는 특혜를 사기업에 준 꼴이었습니다. 한진상사는 대한항공을 바탕으로 재벌이 되었습니다.

사기업은 앞다퉈 공기업을 사려고 했습니다. 정부는 공기업 매각을 사기업에 베푸는 시혜로 인식했고요. 권력자와 사기업가 사이에 부도덕한 관계가 생겨날 수밖에 없었습니다. 한진상사 회장 조중훈은 박정희 대통령이 대한항공공사를 사라고 해서 샀다고 말했어요. 정경유착을 공공연하게 자백한 발언이었지만, 그 누구도 비판하지 않았습니다.

　우리 사회에 민주화가 진행되면서 상황이 달라졌습니다. 정경유착에 대한 비판 여론이 높아졌습니다. 1987년 6월 민주항쟁이 있었습니다. 이제 특정한 사기업에 공기업을 파는 방식의 민영화는 불가능하게 되었습니다. 1987년 12월 대통령 선거에서 노태우 후보는 국민주 보급을 선거공약으로 내놓을 수밖에 없었습니다. 국민주 보급은 영국 총리 마거릿 대처의 방식을 모방한 공약이었습니다. 대처 총리는 국민주 공모 방식을 공약했습니다. 노태우 후보는 공기업 주식의 75%를 저소득층에게 보급하겠다고 했습니다. 저소득층의 재산형성을 촉진하겠다는 명분을 내세웠는데, 과연 그렇게 되었을까요? 노태우 정부는 포스코 주식의 34%, 한국전력공사 주식의 21%를 국민주로 보급했으나 국민주 보급은 시행 1년 만에 중단되었습니다. 주식시장에 혼란이 생긴다는 이유에서였습니다. 이후 민영화는 주식 판매 방식으로 진행됩니다. 김영삼 정부는 '공기업의 경영구조개선 및 민영화에 관한 법률'을 만들어 주식 판매 방식을 법률적으로 뒷받침했습니다.

　이상에서 보았듯이 공기업은 수의계약에 의한 매각, 국

민주 보급, 주식 판매 등 여러 가지 방식으로 민영화되었습니다. 이제부터는 민영화가 성공했는지 또는 실패했는지를 알아보겠습니다. 민영화의 성공 사례라는 포스코와 KT를 통해 왜 성공했다고 하는지, 문제점은 없었는지를 알아보려고 합니다. 공기업의 민영화는 지금도 여전히 진행되고 있으니 이미 민영화가 끝난 사례가 중요한 참고자료가 될 거예요.

사적재 공기업의 민영화

세계 3위 기업

포스코는 우리에게 익숙한 기업입니다. 포스코의 본래 이름은 무엇일까요? 포스코의 본래 이름은 포항제철이에요. 포스코가 설립되는 과정은 앞에서 살펴보았지만, 다시 간략히 요약하면 다음과 같습니다. 정부는 1968년 포스코를 만들고 1973년 제철 공장을 세워 가동을 시작했습니다. 포스코는 10년 만에 세계적인 제철 기업으로 성장했습니다.

그 무렵부터 포스코를 민영화하자는 주장이 나왔습니다. 당시 전두환 정부는 공기업민영화추진위원회를 만들면서 포스코를 민영화 대상에 포함했습니다. 포스코의 경영 효율과 생산성 향상을 위해서는 민영화해야 한다는 주장이었죠. 하지만 정부의 주장은 이해하기 어려웠습니다. 당시 포스코는 세계 3위의 제철 기업이었습니다. 세계적으로 인정받는 기업이었죠. 그런 평가를 무시한 채 정부는 민영화를 밀어붙였습니다. 당시 포스코를 살 수 있는 기업은 재벌기업밖에 없었습니다. 그런 까닭에 포스코의 민영화는 재벌기업 밀어주기였습니다.

수의계약에 의한 매각 방식의 민영화가 진행되는 사이, 1987년 6월 민주항쟁이 일어났습니다. 그해 12월 대통령 선거를 거쳐 노태우 정부가 들어서면서 포스코의 민영화 방식은 바뀌었습니다. 재벌기업을 배제하고 국민에게 포스코 주식을 판매하는 국민주 방식으로 결정되었습니다.

1988년 4월 포스코 국민주 공모가 시작되었습니다. 최초의 국민주 공모여서 온 국민의 관심이 뜨거웠죠. 약 322만 명이 공모에 참여했습니다. 정부가 포스코 주식의 34%인 3,128만 주를 국민주로 내놓았으니, 참여자 1인당 약 10주를 받았습니다. 국민주의 목적 중 하나가 저소득층의 재산형성인데, 10주로는 저소득층의 재산형성을 기대하기 어려웠습니다. 노태우 정부는 처음에 포스코 주식의 75%까지 국민주 공모를 하겠다고 했으나, 실제로는 한 차례만 공모하고 중단했습니다. 국민주 공모가 중단되면서 포스코의 민영화도 중단되었어요.

해외로 빠져나가는 공공의 부

10년 뒤인 1997~1998년에 IMF 사태가 터졌습니다. IMF와 맺은 협정에 따라 김대중 정부는 포스코의 민영화를 다시 추진했습니다. 이번에는 국민주 공모 방식이 아니었습니다. IMF 같은 신자유주의 성향의 기구는 국민주 방식을 좋아하지 않지요. 공기업을 사기업에 넘겨 사기업이 더 윤택해지기를 바랍니다.

하지만 김대중 정부는 포스코를 사기업에 넘기는 데 반대했습니다. 국민 여론 역시 좋지 않았습니다. 국민은 공기업을 재벌기업에 넘기는 데 반대했어요. 김대중 정부는 재벌기업을 배제하고 주식을 판매하는 방식을 추진했습니다. 문제는 주식을 외국에서 팔았다는 점이었습니다. 정부는 1998년~2000년에 외국에서 포스코의 주식을 팔았고, 그 결과 포스코 주식의 약 47%를 외국인이 소유하게 되었습니다. 현재는 외국인 소유 비율이 50%를 넘습니다.

포스코는 2000년에 완전히 민영화되었습니다. 국민주 보급으로 민영화하겠다는 처음의 계획은 사라졌고, 외국 인이 다량의 주식을 소유하는 민영화로 끝났습니다. 경제 성장의 성과를 국민과 나누겠다는 처음의 계획은 없어지고, 공공의 부가 해외로 빠져나가는 민영화가 되었습니다. 세계 3위의 공기업을 군이 민영화할 필요가 있었을까요? 공공의 부가 해외로 빠져나가는 식의 민영화를 꼭 해야 했는지 포스코의 사례를 보며 생각하게 됩니다.

공공재 공기업의 민영화

한 뿌리 세 회사

우리나라에는 현재 SK텔레콤, LG유플러스, KT 등 3개의 이동통신 기업이 있습니다. 이 기업들은 모두 한국전기통신공사에 뿌리를 두고 있습니다.

SK텔레콤은 한국전기통신공사의 자회사인 한국이동통신이 이름을 바꾼 사기업입니다. 한국이동통신은 우리나라에서 처음으로 이동통신 서비스를 시작한 공기업인데, 앞에서도 말했듯이, 1994년 SK에 팔렸고, 1997년 SK텔레콤으로 이름이 바뀌었습니다.

LG유플러스는 한국데이타통신데이콤이 이름을 바꾼 사기업입니다. 데이콤은 1982년에 한국전기통신공사가 주도해서 금성사, 대한전선, 연합통신(현 연합뉴스) 등과 함께 만든 공기업이었습니다. 데이콤은 1986년에 국내 최초의 PC통신인 '천리안' 서비스를 시작해서, "음성통신은 한국통신, 데이터통신은 데이콤"이라는 캐치프레이즈를 내걸고 성장했습니다. 1999년에 LG그룹의 계열사가 되었고, 2006년에 LG데이콤으로 다시 이름이 바뀌었습니다. 현재는 LG유플러스입니다.

KT는 한국전기통신공사가 민영화되어서 이름을 바꾼 사기업입니다. 한국전기통신공사는 1987년 포스코, 한국전력공사와 함께 민영화 대상이 되었습니다. 세 기업은 모두 국민주 방식으로 민영화될 예정이었어요. 포스코와 한국전력공사는 일부 주식이 국민주로 보급되었으나 국민주 보급이 중단되면서 세 기업 모두 민영화가 연기되었습니다.

한국전기통신공사는 1997년 1월 한국통신프리텔KTF을 설립했습니다. KTF는 이동통신 서비스를 제공하는 공기업이었습니다. 1997년 10월부터 016으로 시작하는 핸드폰 서비스를 시작했습니다. 정부가 한국전기통신공사의 자회사인 한국이동통신을 SK에 매각한 지 3년이 지났을 때였습니다. 정부가 다시 이동통신 서비스를 시작했으니, 한국이동통신을 넘긴 이유를 모르겠습니다.

한국전기통신공사는 1998년 주식을 사고파는 증권거래소에 상장되었습니다. 주식회사처럼 정부가 주식을 팔면 한국전기통신공사는 민영화될 수 있게 되었지요. IMF의 요구에 따라 정부는 한국전기통신공사를 민영화하기로 했습니다. 정부는 1999년과 2001년, 두 차례에 걸쳐 한국전기통신공사의 주식을 팔았습니다. 그런데 우리나라 주식시장이 아니라 외국 주식시장에서 팔았습니다. 2002년에는 나머지 주식을 국내 시장에서 팔았고요. 한국전기통신공사는 완전히 민영화되었고, 이름은 KT로 바뀌었습니다.

이상에서 보았듯이 SK텔레콤, LG유플러스, KT는 한국전기통신공사라는 한 뿌리에서 나온 사기업들입니다. 한 개의 공기업에서 세 개의 사기업이 생겨났다니, 이해하기 어려운 일입니다. 그런 일이 일어나는 것은 경쟁을 맹신하기 때문이에요. 신자유주의자는 기업들이 서로 경쟁하면 가격은 저렴해지고 서비스는 향상된다고 주장합니다. 실제는 어떤가요? 우리나라 소비자들은 이동통신의 요금은 비싸고 서비스는 형편없다며 불만을 터뜨리고 있습니다.

무시되는 공공성

2018년 4월 대법원은 중요한 판결을 했습니다. 이동통신이 과연 어떤 성격의 서비스인지를 결정하는 판결이었어요.

이동통신 서비스는 전파 및 주파수라는 공적 자원을 이용해 제공되고 국민 전체의 삶과 사회에 중요한 의미를 가지므로 양질의 서비스가 공정하고 합리적인 가격에 제공돼야 할 필요 내지 공익이 인정된다.

대법원은 이동통신 서비스가 공적 자원을 이용하고 국민의 삶과 사회에 중요한 의미가 있다고 판단했습니다. 이동통신이 공공재이고 이동통신 서비스가 공공재 서비스라는 판결이에요. 이동통신 서비스는 사익이 아니라 공익을 우선해야 한다고도 했습니다. 또한 대법원은, 공공재 서비스는 두 가지를 갖추어야 한다며, 양질의 서비스여야 하고 합리적인 가격이어야 한다고 덧붙였습니다. 그런데 실제는 어떤가요? 지금 핸드폰을 사용하면서 양질의 서비스와 합리적인 가격이라고 느끼는 사람은 거의 없을 겁니다. 우리나라의 이동통신 기업은 공익을 추구하지 않습니다. 이동통신 기업의 서비스는 공공재 서비스와 거리가 한참 멀지요.

KT는 민영화 이후 10년 사이에 9조 원이 넘는 순이익을 냈습니다. 이런 막대한 수익 때문에 KT를 성공한 민영화 사례라고 평가합니다. 과연 그런지 KT 내부를 들여다보겠습니다.

KT는 고배당 정책으로 유명합니다. 배당이란 기업이 주주들에게 이익의 일부를 나눠 주는 것을 말합니다. 고배당은 이익의 많은 부분을 주주에게 나눠 주는 것이지요. KT는 민영화 이후 10년 동안 벌어들인 순이익 9조 원 중에서 5조 원을 주주에게 배당했습니다. 배당률이 55%가 넘습니다. 보통 주식회사의 평균 배당률이 20% 이하인 것과 비교할 때 매우 높은 비율입니다. 특히 배당액 5조 원의 60%에 달하는 3조 원은 외국인에게 배당되었습니다. 공공의 부가 해외로 유출된 겁니다.

KT는 주주에게는 높은 이익을 배당했지만, 노동자에게는 가혹했습니다. KT는 민영화 이후 10년 사이에 세 차례에 걸쳐 대규모 구조조정을 했습니다. 구조조정은 결국 노동자의 일자리를 빼앗는 일입니다. 민영화 당시 4만 3,000여 명이던 노동자가 2만 3,000여 명으로 2만 명 이상 줄었습니다. KT는 비용 절감을 위한 구조조정이라고 했지만, 실제로는 집단해고였습니다.

기업 경영으로 벌어들인 순이익을 통신 요금 인하나 양질의 서비스 제공에 사용해야 공익에 충실한 경영입니다. 그러나 KT는 그렇게 하지 않았습니다. 통신 요금은 오히려 올렸고, 설비투자와 연구개발에는 소홀했습니다. 설비투자의 경우, 공기업이었을 때는 그 비중이 매출액의 20% 이상이었는데, 민영화 후에는 15%로 줄었습니다. 연구개발비는 공기업 때 5.3%였는데 민영화 후에는 2.3%로 떨어졌습니다. 2018년 아현지사 화재, 2021년과 2023년의 인터넷 장애 등 빈발하는 사건·사고는 설비투자와 연구개발을 소홀히 한 결과였습니다.

KT는 민영화 이후 공공성은 뒷전이고 수익성을 우선하는 기업이 되었습니다. 특히 외국인 주주들이 주주총회를 통해 상당한 압력을 행사합니다. KT의 외국인 지분은 43%이지만 그 이상의 영향력을 발휘합니다. 미국인과 한국계 미국인이 교대로 KT 이사회의 의장을 맡기도 했을 정도입니다. 통신 요금은 올리고 구조조정으로 인건비와 설비투자와 연구개발비는 줄여서 이익을 최대화하고 주주의 수익을 최대로 보장하는 고배당 정책을 실행하는 게 KT입니다. '성공한 민영화'의 사례라는 KT는 사익을 위해 공익을 해치고 있습니다.

이동통신은 공공재입니다. 공적 자원을 이용해 서비스하는 공공재 공기업을 과연 민영화해야 하는지, KT의 민영화 사례를 보며 생각하게 됩니다.

같은 듯 다른 듯

민영화의 성공 사례라는 포스코와 KT의 경우를 살펴보았습니다. 포스코와 KT는 과연 성공한 민영화일까요?

포스코와 KT를 비교해보겠습니다. 두 기업에는 공통점도 있고 차이점도 있습니다. 두 기업의 공통점은 공기업을 민영화한 사기업이라는 점입니다. 민영화 과정이 재벌기업을 배제하고 진행되었다는 점도 공통점이에요. 민영화 후에 수익이 늘었고, 그 덕분에 성공한 민영화의 사례로 평가받는 점도 공통적입니다. 수익만 놓고 보면 확실히 그렇습니다. 하지만 다른 측면으로 눈을 돌리면 전혀 다른 주장이 성립합니다. 포스코와 KT는 모두 외국인에게 주식을 판매하는 방식으로 민영화되었습니다. 그 결과 외국인이 주주 다수가 되었어요. 포스코의 외국인 주주 비율은 50%를 넘고 KT는 43%에 달합니다.

외국인 주주는 우리나라의 공공성을 생각지 않고 투자 수익을 우선합니다. 최대한 많은 수익을 가져가려고 합니다. KT는 고배당 정책을 실행하는데 결국은 공공의 부가 해외로 빠져나가게 됩니다. 국민 세금으로 만든 기업이 생산한 부가 해외로 빠져나가는 현상을 보면서 그것을 성공한 민영화라고 칭송한다면, 그게 맞는 일일까요?

물론 포스코와 KT에는 다른 점도 있습니다. 포스코는 철을 생산하고 KT는 이동통신 서비스를 제공합니다. 철은 사적재이고, 이동통신은 공공재입니다. 포스코는 사적재를 생산하는 기업으로서 효율이 중요합니다. KT는 공공재를 서비스하는 기업으로서 공공성이 중요합니다. 포스코는 민영화 이후 효율이 높아졌고, KT는 민영화로 공공성을 잃었습니다. 포스코와 KT의 비교에서 알 수 있는 사실은, 공공재 공기업은 그대로 공기업으로 남아야 한다는 점입니다. 공공재 공기업을 민영화하면 공공성을 잃고 공익을 훼손하게 됩니다.

공기업과 민영화의 갈림길에서

우리는 지금 공기업을 그대로 유지하느냐, 아니면 민영화하느냐 하는 갈림길에 서 있습니다. 정부가 공기업 민영화를 시작한 지 50년이 넘었습니다. 그동안 수많은 공기업이 민영화되었지만, 여전히 많은 공기업이 남아 있습니다. 선거가 있을 때마다 공기업의 민영화가 주요한 공약으로 등장합니다. 우리의 관심을 끄는 공기업은 한국전력공사, 한국철도공사, 인천국제공항공사, 한국공항공사, 한국가스공사 등입니다. 모두 공공 서비스를 제공하는 공기업입니다. 국민 생활의 편리와 편익에 직접적 영향을 주는 공공재 공기업입니다.

이런 공공재 공기업에 대해서도 정부는 그동안 민영화

를 추진했습니다. 겉보기에는 공기업이지만 이미 상당 부분 민영화된 공기업도 있습니다. 그런 공기업은 계속 공기업으로 남을 수 있을지, 아니면 완전 민영화될지 모르는 갈림길에 있습니다.

이제부터 공공재 공기업의 상황을 살펴보겠습니다. 공공재 공기업을 이미 민영화한 나라의 사례도 함께 알아보겠습니다. 다른 나라의 사례를 보면 공기업의 민영화를 어떻게 바라봐야 할지 도움을 받을 수 있습니다.

전기가 끊긴 전기 민영화

한전 민영화의 이유

전기가 없는 생활을 생각할 수 있을까요? 전기가 없다면 밤에는 깜깜한 세상이 될 거예요. TV도 볼 수 없고 컴퓨터도 할 수 없겠지요. 이런 고마운 전기가 우리나라에 들어온 지는 꽤 오래되었습니다. 1887년 경복궁 건청궁에서 켠 전등이 처음이라고 하니, 130년이 넘었네요.

최초의 전력회사인 한성전기는 1898년에 설립되었습니다. 그다음 해에 서울 서대문과 홍릉 사이를 오가는 전차가 개통되었습니다. 1900년부터 일반 가정에 전기가 공급되면서 전기가 전국적으로 빠르게 보급되었고 지역별로 부산전등주식회사, 인천전기주식회사, 원산수력전기주식회사 같은 전력회사도 생겨났습니다.

1945년 광복 후에 모든 전력회사가 국유화되었습니다. 1961년에 모든 전력회사를 통합해 한국전력주식회사가 만들어졌고, 1981년에는 한국전력주식회사가 해체되고 한국전력공사(한전)가 설립되었습니다. 회사의 형태가 주식회사에서 공기업으로 바뀌었습니다. 우리가 아는 한전은 이때 비로소 생겼습니다.

한전의 민영화는 꾸준히 추진되어 왔습니다. 한전 민영화 방침은 언제 어떻게 결정되었을까요? 전두환 정부 때 만들어진 공기업민영화추진위원회가 그런 결정을 내렸습니다. 이후 노태우 정부가 1989년 한전 주식의 21%를 국민주 방식으로 판매하다 중단하면서 이후 한전의 민영화도 중단되었습니다. 10년 후 김대중 정부는 IMF의 요구에 따라 한전 민영화를 다시 추진했습니다.

독점체제인 전력산업에 경쟁을 도입하여 전력공급의 효율성을 제고하고, 장기적으로 값싸고 안정적인 전력공급과 동시에 전력 사용에 있어서 소비자의 선택권 확대를 통한 편익 증진 등을 목적으로 한다.

정부는 한전 민영화의 목적을 이렇게 밝혔습니다. '전력공급의 효율성을 높이겠다' '값싼 전기를 안정적으로 공급하겠다' '전력 사용에서 소비자의 선택권을 확대하겠다' 등 민영화의 구실을 내세웠습니다. 무엇보다 '소비자 선택권의 확대'가 눈에 띄네요. 소비자 선택권의 확대란 무슨 뜻일까요?

여러 개로 쪼개진 발전소

당시에 전기는 한전에서 생산하고 공급했습니다. 전기를 생산하는 발전소도 한전 소속이고, 전기를 가정·학교·사무실·공장 등에 공급하는 일도 한전이 했습니다. 소비자에게 선택권은 없었습니다. 무조건 '한전 전기'를 이용해야 했지요. 이런 상황에서 소비자의 선택권을 확대하려면 어떻게 해야 할까요? 여러 기업에서 전기를 생산하게 하면 됩니다. 마치 옷을 여러 기업에서 만들면 소비자의 선택권이 확대되듯이 말입니다.

정부는 여러 개의 발전 공기업을 만들었습니다. 전국의 화력발전소를 동서·남동·남부·서부·중부 등 5개의 발전기업으로 나누었고, 수력 발전소와 원자력 발전소를 통합하여 한국수력원자력한수원을 만들었습니다. 이렇게 해서 전기를 생산하는 6개의 발전기업이 만들어졌습니다.

한전은 어떻게 되었을까요? 한전은 전기를 공급하는 역할을 맡았습니다. 6개의 발전기업에서 전기를 사서 가정·학교·사무실·공장 등에 보내고 전기요금을 받는 판매기업이 되었습니다. 2001년에 있었던 일입니다. 그 후 정부는 6개의 발전 공기업을 차례대로 팔아서 민영화하겠다는 계획을 세웠습니다. 그 계획에 따라 2002년에 한국남동발전을 매각한다고 공고했습니다. 그때 뜻밖의 사건이 일어났습니다. 미국 캘리포니아주에서 대규모 정전사태가 발생한 겁니다.

우리나라 정부가 추진하는 전기 민영화의 모델은 미국입니다. 미국 캘리포니아주는 우리나라보다 앞서 발전기업과 판매기업을 분리해 발전기업을 팔았습니다. 사기업이 된 발전기업들은 서로 짜고 공급가격을 올렸어요. 인상된 가격을 감당하지 못한 판매기업은 발전기업으로부터 전기를 사지 못했고, 가정·학교·사무실·공장 등에 전기를 공급할 수 없었습니다. 캘리포니아주에 대규모 정전사태가 발생한 배경입니다.

미국 캘리포니아주의 정전사태로 전기 민영화에 반대하는 국민 여론이 높아졌습니다. 정부는 한국남동발전의 매각을 멈추지 않을 수 없었어요. 현재 발전 공기업의 민영화는 중단된 상태입니다. 하지만 민영화 계획 자체가 없어진 것은 아닙니다. 언제든 정부는 발전 공기업의 민영화를 추진할 수 있습니다.

정전과 요금 인상

전기를 민영화하면 국민의 편익이 증진된다는 정부의 주장을 믿을 수 있을까요? 캘리포니아주의 정전사태는 오히려 국민이 불편을 겪을 수 있다는 사실을 보여주었습니다. 미국 말고 다른 나라의 경우는 어떨까요? 어느 나라든 전기를 민영화할 때는 전력공급의 효율성을 높이고 국민의 장기적인 편익을 증진하겠다는 목표를 제시합니다. 그런 목표를 달성한 나라가 과연 있는지 알아봐야겠습니다.

영국은 우리나라와 다른 방향으로 민영화를 추진했습니다. 발전기업이 아니라 판매기업을 늘리는 방식이었어요. 1999년 전기 판매시장을 전면 개방하자 판매기업이 여럿 생겼습니다. 그러자 국민이 판매기업을 선택할 수 있게 되었어요. 영국 정부는 판매기업들이 경쟁하면서 전기요금이 낮아지고 국민 편익이 증진되기를 기대했지요. 실제는 어떠했을까요?

영국에 유스위치닷컴이라는 가격비교 사이트가 있습니다. 여기서 소비자 만족도를 조사하면서 전기에 대해서도 조사했더니 응답자의 50%가 전기 판매기업을 신뢰하지 않는다고 대답했습니다. 신뢰는 하지만 신뢰수준은 낮아졌다고 답변한 응답자는 45%나 되었어요. 이렇듯 전체 응답자의 95%가 판매기업에 대해 부정적으로 생각하고 있었습니다. 판매기업을 신뢰하지 않는 가장 큰 이유는 전기요금 인상이었습니다. 전기 판매시장의 98%를 점유하는 6개의 판매기업이 서로 짜고 전기요금을 인상한 겁니다. 전기요금을 인상한 만큼 판매기업의 이익은 증가했습니다. 판매기업은 저렴한 상품 대신 비싼 요금제를 권유했는데, 이는 명백한 불공정 영업행위였습니다. 우리나라 이동통신 기업들의 행태가 연상되지 않나요?

다시 미국의 사례를 보겠습니다. 이번에는 텍사스주입니다. 텍사스주는 2002년 전기를 민영화했어요. 텍사스주 정부는 전력예비율 상승과 전기요금 인하라는 효과를 기대했습니다. 하지만 실제 결과는 텍사스주 정부의 기대와 완전히 달랐습니다.

전기기업들은 투자이익을 우선하여 설비투자를 소홀히 했습니다. 그렇다 보니 전력예비율은 오히려 떨어졌어요. 민영화 이전에는 전력예비율이 평균 20%였는데, 민영화 되고 10년이 지난 후에는 10% 수준으로 떨어졌습니다. 전력예비율이 10% 이하가 되면 순환 정전을 해야 합니다. 순환 정전은 전기공급이 불안할 때 일시적으로 전기 공급을 중단하는 것입니다. 2021년 2월 텍사스에 매서운 추위가 닥쳤습니다. 이때 4일간 순환 정전사태가 발생했습니다. 전기가 끊긴 470만 가구가 추위에 떨어야 했습니다. 게다가 민영화 이후 전기요금은 올랐습니다. 주민들은 민영화 이후 16년간 전기요금으로 280억 달러(약 30조 원)를 더 냈습니다. 2021년 2월 순환 정전사태가 발생했을 때는 1MWh당 요금이 50달러에서 9,000달러로 180배나 올랐습니다. 이때 한 달 전기요금으로 1,800여만 원이 청구된 가정도 있었습니다. 전기요금이 오르면 전기기업들의 수익은 그만큼 늘어납니다. 민영화 이후 16년간 텍사스의 전기기업들은 160억 달러(약 18조 원)를 더 벌어들였습니다.

영국이나 미국 외에도 전기를 민영화한 나라는 일본, 뉴질랜드, 아르헨티나 등 여럿입니다. 모두 전기공급이 불안정해졌다는 공통점이 있는 나라들입니다. 전기요금은 인상되었고 정전사태는 빈번하게 일어났습니다. 전기 민영화로 사회적 약자와 산간벽지 주민들이 소외되는 문제가 나타날 수 있습니다. 수익을 우선하는 사기업은 수익이 많은 사업만 하려고 합니다. 기업이 기대할 수 있는 수익이 적은 사회적 약자와 산간벽지 주민들은 전기공급의 사각지대가 될 가능성이 있습니다.

사고 늘어난 철도 민영화

독특한 자회사 SR

혹시 최근에 기차를 타 본 적이 있나요? 승용차 이용이 늘면서 기차를 이용하는 사람이 줄었지만, 명절이나 휴가 때는 아직도 수백만 명이 기차를 이용합니다. 설이나 추석 같은 명절 때 TV에서 기차역에 나가 시민들을 인터뷰하는 장면을 본 적 있을 거예요. 기차의 중요성은 여전히 줄어들지 않았습니다. 먼 지역을 오가려면 기차가 유일한 교통수단이었던 때도 있습니다. 우리나라 기차는 120년이 넘는 역사가 있습니다. 1899년 9월 18일 노량진역에서 인천역까지 33km 구간을 잇는 경인선이 개통되면서 기차의 역사가 시작되었지요. 기차는 국민 전체의 삶에 중요한 의미가 있는 공공재입니다.

기차를 운행하는 철도산업은 그동안 국가가 운영했는데, 1997년 IMF 사태 이후 상황이 달라졌습니다. IMF의 요구에 따라 공기업 민영화가 추진되면서 철도산업 역시 민영화의 대상이 되었습니다. 당시 철도산업은 정부 부서인 철도청이 운영했어요. 정부 부서를 민영화할 수는 없으니, 철도산업을 민영화하려면 공기업을 만들어야 했습니다. 정부는 철도 공기업을 만들면서 철도시설 관리와 열차 운행을 분리했습니다. 철도시설이란 열차를 운행하는 데 필요한 시설입니다. 역이나 신호등, 레일 등이지요. 그런 철도시설을 관리하는 국가철도공단을 2004년에 만들고, 열차를 운행하는 한국철도공사코레일를 2005년에 만들었습니다.

철도시설 관리와 열차 운행의 분리는 철도 민영화를 위한 사전 조치였습니다. 하나의 철도기업이 시설관리와 열차 운행을 모두 담당하는 식이 되면 제2, 제3의 철도기업은 나타나기 어렵습니다. 철도시설을 갖추려면 막대한 비용이 들기 때문이에요. 그런 비용을 감당할 수 있는 사기업은 많지 않습니다. 따라서 철도시설은 국가 담당으로 놔두고 열차 운행은 나중에 민영화하려고 철도시설 관리와 열차 운행을 미리 분리한 것입니다.

철도 민영화는 이명박 정부 때 본격적으로 추진되었습니다. 이명박 정부는 수서고속철도SRT의 민영화를 목표로 했습니다. 수서고속철도는 서울 수서역에서 출발하는 고속철도입니다. 수서역-부산역 구간을 오가는 경부고속선과 수서역-목포역 구간을 오가는 호남고속선이 있습니다. 이명박 정부는 수서고속철도를 사기업이 운영하면 코레일과 경쟁하게 되어 요금이 20% 인하된다고 주장했습니다. 하지만 이명박 정부의 계획은 곧 반대에 부딪혔습니다. 코레일은 기업 차원에서 반대했고 국민 여론도 반대가 압도적으로 높았습니다. 이명박 정부는 계획을 포기할 수밖에 없었고, 그 계획은 박근혜 정부가 이어받아 추진했습니다.

박근혜 정부는 우회로를 선택했습니다. 박근혜 정부는 수서고속철도를 운영하는 공기업 SR을 만들었습니다 (2013). SR은 성격이 독특한 공기업입니다. SR은 코레일이 만든 회사인데 코레일과 적대적으로 경쟁합니다. SR은 코레일의 자회사이지만 코레일의 영향을 전혀 받지 않습니다. SR은 코레일이 아닌, 국토교통부의 지휘를 받습니다. 박근혜 정부는 언제든 SR을 민영화하기 위해 이처럼 독특한 성격의 공기업으로 만들었습니다. 이처럼 박근혜 정부는 SR의 민영화에 상당한 열의를 가졌지만, 대통령이 탄핵당하면서 중단되었습니다.

불안해진 열차

현재 철도는 정부가 마음만 먹으면 언제든 민영화할 수 있는 구조입니다. 철도시설 관리와 열차 운행이 분리되어 있고, 억지이긴 하지만 코레일과 SR이 경쟁하는 구도입니다. 이런 식의 철도산업 구조 변경은 영국의 철도 민영화를 모델로 한 것입니다. 영국의 철도 민영화가 성공했느냐 실패했느냐는 철도 민영화를 생각할 때 중요한 고려 사항입니다.

영국은 1997년 철도를 민영화했습니다. 앞에서 살펴보았듯이 민영화 이후 영국의 철도 요금은 대폭 인상되었어요. 다른 서유럽 국가들의 철도 요금보다 10배나 비싸졌습니다. 영국 정부가 철도기업에 지원하는 액수도 늘어났습니다. 민영화 이전과 비교하여 민영화 이후에 지원금 규모가 2배나 많아졌습니다.

요금이 인상되고 지원금도 늘었지만 중대한 철도 사고

는 더 자주 발생했습니다. 철도기업들은 수익을 늘리기 위해 비용을 절감했는데, 무엇보다 안전과 관련된 비용을 줄였습니다. 요금은 인상되고 안전은 무시되자 영국 시민들이 들고일어났습니다. 시민들이 민영화에 반대하며 국유화를 요구하자 영국 정부는 민영화를 중단하고 국유화하는 방향으로 가고 있습니다.

철도를 민영화한 아르헨티나의 사정도 영국처럼 심각합니다. 아르헨티나는 1990년대 초 카를로스 메넴 정부 때 철도를 민영화했습니다. 이후 대형 열차 사고가 빈번히 발생했습니다. 철도기업은 기차와 레일의 보수를 소홀히 했고, 철도서비스는 갈수록 나빠졌습니다. 이익이 나지 않는 구간은 운행을 중단했습니다. 그러자 많은 마을이 철도를 이용할 수 없게 되었습니다. 열차 운행이 줄어들자 자동차 운행이 늘어나면서 교통사고도 증가하게 됐습니다. 아르헨티나의 철도 전문가들은 철도를 다시 국유화하라고 요구하고 있습니다. 철도 사기업에 주는 정부보조금을 폐지하고, 철도를 정부가 통제하고, 철도시설에 정부 투자를 확대하라고 주장하고 있습니다.

철도 사기업이 이익을 우선해서 노선을 폐쇄한 사례는 일본에도 있습니다. 일본에서는 철도 민영화 이후 50개 이상의 노선이 없어졌습니다. 차별 요금제가 실행되기도 했습니다. 승객이 적은 지방의 철도 요금은 승객이 많은 대도시의 철도 요금보다 비쌉니다. 영국, 아르헨티나, 일본의 사례는 철도가 민영화되면서 철도의 공공성이 사라지는 현실을 보여줍니다.

이용자가 불편을 겪는 공항 민영화

세계 1위 공항

인천공항을 이용하는 사람이 하루에 몇 명쯤 될까요? 코로나 이전에는 하루 이용객이 20만 명이나 되었다고 합니다. 비행기를 이용해 해외를 오가는 사람이 많기 때문입니다. 관광 목적으로 나가는 사람도 있지만, 업무나 공부를 위해 나가는 사람도 많습니다. 이제 공항은 공공재 서비스를 제공하는 공적 시설입니다.

우리나라에 공항은 언제 처음 만들어졌을까요? 일제 강점기 때인 1916년입니다. 그때는 명칭이 공항이 아니라 비행장이었습니다. 일제는 군사적 목적에서 비행장을 만들었고, 첫 비행장은 여의도비행장이었습니다. 이후 일제는 전국에 40여 개의 군 비행장을 만들었습니다. 김포공항(김포비행장)도 그때 만들어졌습니다. 한국전쟁이 끝난 후인 1953년 여의도비행장은 국제공항으로 승격되었습니다. 1958년에는 김포공항이 국제공항으로 승격되었고, 여의도비행장은 공군기지로 쓰이다 몇 년 후 폐쇄되었습니다. 김포공항은 1988년 서울올림픽 이후 매년 1,000만 명 이상이 이용하는 세계적인 공항이 되었습니다.

김포공항이 포화상태에 이르자 인천공항이 건설되었습니다. 인천공항은 국제항공협의회가 인정하는 세계적인 공항입니다. 매년 실시하는 세계 공항 서비스 평가에서 12년 연속 1위를 차지하기도 했습니다(2005년~2016년). 또한 인천공항은 고객 평가에서도 최고단계인 5단계 공항으로 인증받았습니다. 호텔식으로 말하면 5단계 공항은 5성급 공항이라는 의미입니다. 그만큼 인천공항은 세계적 수준의 공항으로 인정받고 있습니다.

그런데 인천공항은 민영화 대상입니다. '공기업의 경영구조개선 및 민영화에 관한 법률' 제2조에 인천공항을 운영하는 인천국제공항공사가 민영화 대상 기업으로 명시되어 있습니다. IMF의 요구에 따라 1999년 1월에 법을 개정해서 인천국제공항공사를 민영화 대상으로 명시했지요. 도무지 이해할 수 없는 조항이었어요. 당시 인천공항은 아직 건설 중이었으니까요.

　이명박 정부는 2009년, 2011년, 2012년 등 세 차례에 걸쳐 인천공항의 민영화를 시도했습니다. 이명박 정부는, 자금을 확보해 인천공항의 경쟁력을 강화하겠다며 인천공항의 주식 49%를 팔겠다고 발표했습니다. 그러면서 인천공항은 수익성이 좋아서 빨리 팔 수 있다고 전망했습니다. 하지만 인천공항의 민영화 계획은 곧 반대에 부딪혔습니다. 세계 1위의 5성급 공항을 왜 팔려고 하는지 국민은 이해할 수 없었습니다. 수익성 좋은 세계 1등의 인천공항을 왜 팔려고 하느냐며 반대 여론이 거셌습니다. 이명박 정부는 외국 자본을 참여시켜 선진 경영기법을 도입하겠다고 주장했지만, 공공의 부가 외국으로 빠져나갈 수 있다는 비판만 받았습니다.

투기 자본에 넘어간 시드니공항

　공항을 민영화한 사례는 다른 나라에도 있습니다. 영국은 1987년에 런던 히드로공항을 민영화했습니다. 이는 세계 최초의 공항 민영화였습니다. 히드로공항을 운영하는 사기업인 영국항공은 수익성을 높이려고 공항 이용료를 대폭 올렸습니다. 히드로공항의 이용료는 인천공항의

6배나 됩니다. 영국항공은 시설 투자는 회피했습니다. 시설 투자가 지지부진하면서 히드로공항은 출발·도착이 지연되고, 대기 시간이 길어지고, 터미널이 시장통처럼 혼잡하고 낡은 상태로 방치되는 등 공항 서비스가 엉망이 되었습니다.

히드로공항은 여러 차례 마비되기도 했습니다. 2006년에는 테러범이 적발되자 공항 시스템이 전면 중단되었습니다. 영국항공은 비용 절감을 이유로 보안·검색 요원을 충분히 두지 않았고, 그 바람에 테러범이 적발된 후 보안 점검을 위해 공항을 폐쇄하면서 공항 대란이 일어났습니다. 히드로공항은 2022년에도 마비된 적이 있습니다. 유럽 전역에서 휴가를 떠나려는 사람들이 몰리자 수많은 이용객의 짐이 사라졌고 비행기가 뜨지 못했습니다. 영국항공은 각 항공사에 비행기표를 더 팔지 말라고 긴급히 요청해야 했습니다. 모두 시설 투자를 소홀히 해서 발생한 일이었습니다.

오스트레일리아도 공항을 민영화했습니다. 오스트레일리아 정부는 2002년 시드니공항을 맥쿼리가 주도하는 컨소시엄에 팔았습니다. 맥쿼리 컨소시엄은 투자 수익을 높이기 위해 시드니공항의 주주 배당금을 매출액의 50%

수준으로 높였습니다. 높은 배당으로 맥쿼리 컨소시엄은 높은 수익을 올렸지만, 시드니공항의 시설 투자는 부진해졌습니다. 시드니공항은 오스트레일리아를 대표하는 공항이지만, 시설은 매우 열악합니다. 공항은 24시간 운영되지 않습니다. 밤에는 문을 닫기 때문에 공항 이용객들은 건물과 건물 사이의 좁은 복도에서 밤을 지새워야 합니다.

그뿐만 아니라 맥쿼리 컨소시엄은 공항 이용료를 대폭 인상했습니다. 시드니공항의 이용료는 인천공항의 4~5배나 됩니다. 무엇보다도 시드니공항은 주차장 이용료가 엄청 비싸기로 유명합니다. 시드니공항의 주차장은 운영자에게 황금알을 낳는 거위 역할을 합니다. 오스트레일리아를 찾는 관광객들은 최고 불만 사항으로 시드니공항의 열악한 시설과 비싼 요금을 꼽습니다.

오스트레일리아 정부는 현재 시드니 서쪽에 신공항인 웨스턴시드니공항을 짓고 있습니다. 2018년에 1단계 공사를 시작했고 2026년에 완공될 예정입니다. 웨스턴시드니공항의 운영을 누가 할 것이냐를 두고 논란이 벌어졌습니다. 시드니공항의 운영자인 맥쿼리 컨소시엄에 운영권을 줘야 한다는 주장이 있었지만, 오스트레일리아 정부는 공기업인 WSA가 운영할 예정이라고 밝혔습니다. 시드니 공항의 민영화는 실패였다고 정부가 인정한 셈입니다.

시드니공항의 민영화에 참여한 맥쿼리는 이명박 정부의 인천공항 민영화 계획에도 등장합니다. 앞에서도 이야기했듯이 맥쿼리는 서울지하철 9호선의 요금을 대폭 인상하려 해서 문제를 일으켰습니다. 맥쿼리는 오스트레일리아에 본사를 둔 투자기업입니다. 투자기업이 공공성에 관심이 있을 리 없습니다. 맥쿼리는 투자 수익에만 관심 있는 투기 자본일 뿐입니다. 맥쿼리는 전 세계에 지사를 두고 있고, 우리나라에는 2002년에 맥쿼리한국인프라투융자회사를 설립했습니다.

맥쿼리 같은 투기 자본은 공항, 도로, 철도 등의 공기업을 투기 대상으로 합니다. 공기업은 독점이라 민영화하면 독점 이익을 볼 수 있기 때문입니다. 이명박 정부는 맥쿼리 같은 투기 자본에 인천공항을 팔려고 했습니다. 시드니공항의 사례는 인천공항을 민영화했을 때 나타날 미래를 보여준다고 하겠습니다.

물 공급이 끊기는 물 민영화

2개의 물 산업

물은 얼마만큼 중요할까요? 인간의 몸은 70%가 물로 이루어져 있습니다. 물을 마시지 않으면 살 수 없습니다. 인간은 아주 오래전부터 강이나 호수 주변에 살았습니다. 물을 쉽게 마실 수 있었기 때문이지요. 강이나 호수에서 멀리 떨어진 곳에 사는 사람들은 어떻게 했을까요? 강이나 호수에서 물을 끌어와야 했습니다. 물을 끌어오기 위한 시설이 수도시설입니다. 경주의 안압지와 황룡사지에서 토기로 만든 수도관의 흔적이 발견된 적 있습니다. 신라 시대에 수도시설이 있었다는 증거입니다. 아마 신라 이전에도 수도시설이 있었겠지요.

우리가 현재 이용하는 근대적인 수도시설은 언제 만들어졌을까요? 1908년 서울 뚝섬에 만들어진 정수장이 최초입니다. 이때부터 수돗물이 서울에 공급되었습니다. 1960년대에는 산업화가 진행되면서 많은 사람이 일자리를 찾아 서울로 몰렸습니다. 서울 인구는 1960년 240만 명에서 1970년 540만 명으로 10년 사이에 두 배 이상 늘어났고, 1980년에는 1,000만 명을 넘어섰습니다. 서울로 많은 사람이 몰리자 수도시설이 부족해졌습니다. 정부는 긴급히 외국에서 돈을 빌려와 수도시설을 확장해야 했습니다. 정부는 1990년대에 '맑은물공급종합대책'을 수립했습니다. 전국의 주요 정수장에 높은 수준의 정수시설이 설치되었고 수돗물 서비스의 질이 좋아졌습니다.

이처럼 물은 인간에게 없어서는 안 되는 자원입니다. 물은 생활과 건강에 필수적인 공공재여서 오래전부터 국가가 관리했습니다. 그런데 20세기 후반에 물을 산업의 시각에서 접근하려는 시도가 나타났습니다. 물도 옷이나 신발처럼 사고파는 상품이 되어야 한다는 겁니다. 물의 공공성보다 수익성을 중요시하는 시각이지요. 세계적인 경제지《포춘》은 21세기에는 물 산업이 석유 산업을 앞지를 것이라고 예상했습니다. 물이 석유보다 더 많은 수익을 내는 상품이 된다는 예상입니다. 그런 의미에서 물 산업을 육성해야 한다며 정부가 방안을 내놓았습니다.

노무현 정부가 처음으로 '물 산업 육성방안'을 제시했습니다(2006). 이명박 정부 때는 '물 산업 육성 전략'을 내놓았습니다(2010). 물 산업이 다루는 대상에는 크게 두 가지가 있습니다. 첫째는 생수입니다. 생수는 사기업이 물을 사들여 판매하는 상품입니다. 노무현 정부 때의 '물 산업 육성방안'은 생수 산업의 육성방안이었습니다. 현재 '한라산 물' '백두산 물' 하면서 여러 기업에서 생수를 판매하고 있습니다. 생수는 이제 야외 활동을 할 때 없어서는 안 될 필수품이 되었습니다. 둘째는 수돗물입니다. 수돗물은 공기업이 공급하는 공공재입니다. 만약 수돗물을 사기업이 운영한다면, 이를 물 민영화라고 합니다. 이명박 정부 때 나온 '물 산업 육성 전략'에는 물 민영화가 포함되었습니다.

이미 진행 중인 물 민영화

이명박 정부는 지방 상수도를 통합하려고 했습니다. 수돗물은 지방자치단체가 관리합니다. 서울시민이 마시는 수돗물은 서울시가 관리하고, 부산시민이 마시는 수돗물은 부산시가 관리합니다. 이렇듯 주민들이 마시는 수돗물은 원칙적으로 해당 지방자치단체가 관리합니다. 관리 여력이 없는 지방자치단체는 주변 지방자치단체와 함께 수돗물을 관리합니다.

수돗물을 관리하는 지방자치단체를 수도사업자라고 합니다. 전국에는 164개의 수도사업자가 있습니다. 이명박 정부는 이 수도사업자를 39개로 통합하고 최종적으로는

5개 내외로 줄여 대형화하겠다는 계획을 발표했습니다. 지방 상수도를 통합하면 누가 관리하게 될까요? 이명박 정부는 여러 지방자치단체가 함께 관리할 수 없으니 위탁 운영하겠다고 했습니다. 여기서 물 민영화의 우려가 생겨 났습니다. 정부는 공기업에 위탁하겠다고 했지만 언제든 사기업으로 바꿀 수 있기 때문이에요.

지방자치단체가 상수도의 운영을 위탁할 수 있는 기관 에는 공기업도 있고 사기업도 있습니다. 한국수자원공사, 한국환경공단은 공기업이고 토목건축법인, 엔지니어링법 인, 기술사사무소는 사기업입니다. 어떤 기관에 위탁할지 는 지방자치단체가 합의하여 결정할 수 있습니다. 실제로 지방 상수도 통합에 사기업이 참여했습니다. 강원도 태 백, 영월, 정선, 평창의 상수도를 통합하는 사업에 태영건 설, 두산건설, 한화건설, 포스코건설, 동서, 효성 등 사기 업이 참여했습니다. 이런 사기업의 참여를 두고 이명박 정부와 박근혜 정부는 민영화가 아니라 민간 위탁이라고 주장했습니다. 수도 요금을 중앙정부나 지방자치단체가 결정하므로 민영화가 아니라는 논리였습니다.

정부의 논리는 맞을까요? 물은 대체 불가능한 필수품 입니다. 사기업이 상수도 운영권을 위탁받는다면 강한 협

상력을 가지게 됩니다. 수도 요금을 인상하지 않으면 물의 품질이 떨어질 수밖에 없다며 사기업들이 지방자치단체를 압박한다면, 그런 압박을 견뎌낼 수 있는 지방자치단체는 거의 없습니다. 작은 지방자치단체일수록 사기업에 끌려다닐 수밖에 없습니다.

다른 나라의 사례를 살펴보겠습니다. 수돗물을 민영화하자 수도 요금이 대폭 올랐습니다. 앞에서도 나왔듯이 그 대표적인 사례가 남아메리카 볼리비아의 코차밤바입니다. 프랑스나 영국에서도 물 민영화 이후 수도 요금이 올랐습니다. 수도 요금 인상은 특히 저소득층에게 더 부담이 되었습니다. 영국에서는 수도 요금이 폭등하자 수돗물을 공급받지 못하는 사람의 수가 50%나 늘어났습니다. 남아프리카공화국의 요하네스버그에서는 수도 요금이 인상되자 저소득층이 요금을 내지 못하게 되었고, 그들에게는 수돗물 공급이 중단되었습니다.

우리나라에서도 물 민영화는 이미 진행되고 있습니다. 지방 상수도 통합 사업에 사기업이 참여하고 있다는 사실이 그 증거입니다. 수돗물이 민영화된다면 대체 불가능한 물의 특성상 수돗물에 관한 정부의 권한은 대폭 축소될 수밖에 없습니다. 수도 요금을 사기업이 대폭 인상해도 정부가 막지 못할 수도 있습니다.

요금이 껑충 뛰는 가스 민영화

가스, 생활을 편리하게

만약 가스가 없다면 어떻게 될까요? 가스레인지를 쓸 수 없으니 밥하고 요리하기 어렵겠지요. 가스보일러를 돌릴 수 없으니 겨울철 난방에도 비상이 걸리게 됩니다. 이처럼 가스는 국민 생활에서 떼려야 뗄 수 없는 공공재입니다.

우리나라는 언제부터 가스를 사용하기 시작했을까요? 1964년 대한석유공사 울산 정유공장에서 LPG^{액화석유가스}를 생산하면서 본격적으로 사용하기 시작했습니다. 가스를 사용하기 전에는 연탄으로 요리하고 난방했습니다. 연탄은 사용하기 불편한데다 매년 겨울이면 연탄가스 중독사고로 많은 사람이 목숨을 잃기도 했습니다.

가스를 사용하면서 국민 생활이 한결 편리해졌습니다. 가스에 대한 수요가 늘어나면서 1983년 한국가스공사가 만들어졌습니다. 한국가스공사의 주된 일은 LNG^{액화천연가스}를 수입해서 공급하는 일입니다. 가스에는 천연가스와 인공가스가 있습니다. 천연가스는 말 그대로 자연에서 만들어진 가스입니다. 우리나라에서는 천연가스가 나지 않아 전부 수입합니다. 인공가스는 사람이 만든 가스로, 석유를 이용해 만드는 LPG가 대표적입니다. 초기에는 LPG가 사용되었으나 점차 LNG 사용량이 늘어났습니다.

LNG 사용이 늘면서 한국가스공사의 역할이 중요해졌는데, 한국가스공사는 민영화 대상이 되었습니다. 한국가스공사가 만들어진 지 10년도 되지 않은 때였습니다. 김영삼 정부는 '공기업의 경영구조개선 및 민영화에 관한 법률'을 만들면서 한국담배인삼공사, 한국전기통신공사, 한국중공업, 인천국제공항공사, 한국공항공사와 함께 한국가스공사를 민영화 대상으로 써놓았습니다.

1999년 11월 정부는 한국가스공사를 민영화하는 계획을 세웠습니다. 한국가스공사를 3개의 기업으로 만들어 판다는 계획이었습니다. 정부의 계획에 반대해 노동자들이 파업에 들어갔습니다. 국민 여론이 점차 나빠지자 정부는 노동조합과 협약을 맺었습니다. "국민 불편을 최소화하고 국내 가스 산업을 발전시킬 수 있도록 노동조합의 합리적인 대안을 검토해 민영화 시기 및 시행 방법에 대해 논의하기로 한다"라며 일방적으로 민영화를 추진하지 않겠다고 약속했습니다.

늘어나는 직접 수입

이명박 정부 때 천연가스 직도입제가 시행되었습니다 (2005). 천연가스는 1986년부터 수입되었는데, 한국가스공사만 수입할 수 있었습니다. 천연가스 직도입제가 생기면서 사기업도 천연가스를 수입할 수 있게 되었습니다. 직도입제는 천연가스를 사용하는 사기업이 자기 기업에 필요한 천연가스를 직접 수입할 수 있게 하는 제도입니다. 사기업이 천연가스의 수입에 참여하면서 가스 민영화를 우려하지 않을 수 없게 되었습니다.

천연가스 직도입제는 사기업의 특혜처럼 운영되고 있습니다. 사기업들은 천연가스의 가격이 저렴한 경우에는 직접 수입합니다. 그리고 만약 천연가스 가격이 오르면 한국가스공사를 통해 수입된 천연가스를 저렴하게 살 수 있습니다. 따라서 사기업은 천연가스 가격의 변동에 따른 위험을 피할 수 있습니다. 대신 사기업이 회피한 위험 비용은 결국 한국가스공사와 국민이 부담해야 하는 결과가 발생하게 되었습니다.

실제 사례도 있었습니다. GS그룹의 3개 기업이 2008

년 1월 천연가스 190만 톤을 직접 수입할 예정이었다가 갑자기 수입 계획을 바꾸었습니다. 그만큼 천연가스가 부족해졌고, 결국 한국가스공사가 비싼 가격에 천연가스를 사서 보충할 수밖에 없었어요. 이렇게 발생한 추가 비용은 결국 한국가스공사와 국민이 지불할 수밖에 없었습니다.

현재 천연가스를 직접 수입하는 사기업은 포스코, SK, GS, 현대와 같은 대기업입니다. 사기업들이 수입하는 천연가스 양은 계속 늘어났습니다. 2010년에는 173만 톤으로 전체의 5.1%였으나, 2020년에는 906만 톤을 수입해 22.1%가 되었습니다. 정부는 가스 민영화가 아니라고 주장하지만, 천연가스 직도입제를 통해 우회적인 방법으로 민영화가 추진되고 있다고 하겠습니다.

가스 산업을 민영화하면 무엇이 달라질까요? 다른 나라의 사례를 보겠습니다. 일본은 1995년부터 사기업이 천연가스를 수입해서 판매하고 있습니다. 일본은 가정용 가스 요금과 산업용 가스 요금을 구분해서, 가정용이 산업용보다 두 배 정도 높습니다. 그리고 가정용 가스 요금이 우리나라와 비교했을 때 두 배 이상 비쌉니다. 스페인은 1998년부터 사기업이 천연가스를 수입, 판매하고 있습니다. 1998~1999년에는 가스 요금이 조금 하락하는 듯했으나 2000년부터 가정용은 32%, 산업용은 75%까지 급격하게 올랐습니다.

가스 요금이 오르면 난방비가 오르고 전기요금이 오릅니다. 천연가스를 이용해 난방하고 전기를 생산하기 때문입니다. 우리나라에서도 2023년 1월과 2월에 가스값이 오르면서 난방비가 갑자기 올랐고, 그다음에는 전기요금이 올랐습니다. 시민들은 난방비 폭탄을 맞았다며 항의했습니다. 사기업이 천연가스 직접 수입을 늘리면 겨울철에 가정용 도시가스 요금은 일본처럼 2배 이상 오른다고 전문가들은 전망합니다. 만약 가스 산업이 민영화된다면 갑작스러운 요금 인상으로 '폭탄' 이상의 난방비와 전기요금이 나올 수도 있습니다.

국민을 아프게 하는 의료민영화

건강보험의 역할

몸이 아프면 어떻게 하나요? 병원에 갑니다. 동네 병원에 갈 수도 있고 대학병원처럼 큰 병원에 갈 수도 있습니다. 우리나라 사람들은 누구나 차별 없이 병원을 이용할 수 있습니다. 국민건강보험제도 덕분입니다. 건강보험증만 있으면 누구나 어느 병원이든 갈 수 있습니다. 의료는 인간의 생명을 다룹니다. 인간의 생명을 다루는 의료서비스는 누구에게나 평등하게 제공되어야 합니다. 의료서비스는 공공재 서비스이고 마땅히 국가가 제공해야 합니다. 국가가 의료서비스를 제공하는 방식이 국민건강보험(건강보험)입니다.

우리나라는 영리병원을 금지합니다. 영리병원은 영리를 목적으로 사기업이 세운 병원입니다. 현재 우리나라에서는 영리병원을 설립할 수 없습니다. 삼성병원이나 아산병원은 언뜻 영리병원으로 생각될 수 있지만 영리병원이 아닙니다. 삼성병원은 삼성그룹이 아닌, 삼성의료원이 만든 병원입니다. 아산병원은 현대그룹이 아닌, 아산사회복지재단이 만든 병원입니다. 삼성이든 현대든 재벌기업은 병원을 세울 수 없습니다.

현재 우리나라에서 병원은 의사(개인·법인), 정부, 지방자치단체만 설립할 수 있습니다. 삼성병원과 아산병원은 의사들이 만든 의료법인이 운영하는 병원입니다. 국립중앙의료원은 정부가 운영하는 병원이고, 서울의료원·부산의료원 등은 지방자치단체가 운영하는 병원입니다. 모든 병원에서는 건강보험 환자를 치료해야 합니다. 병원에서 생긴 수익은 병원에만 쓰여야 합니다. 모든 병원은 공익적 목적에서 통제를 받습니다.

하지만 영리병원은 다릅니다. 영리병원의 목적은 수익입니다. 영리병원은 건강보험 환자를 거부할 수 있습니다. 민간 의료보험에 가입한 환자만 진료한다거나 본인이 모든 진료비를 내는 환자만 진료하려 할 것입니다. 무엇보다 영리병원은 의료민영화의 시작입니다. 영리병원이 만들어지면 누구나 차별 없이 병원을 이용할 수 있는 지금의 건강보험 체계는 무너지게 됩니다. 의료서비스의 공익성은 훼손되게 됩니다.

경계해야 할 영리병원

현재 법률로는 영리병원을 설립할 수 없지만, 예외가 있습니다. 경제자유구역에서는 외국인이 병원을 설립할 수 있습니다. 이 예외를 이용하여 제주도에서 처음으로 중국 기업이 신청한 병원 설립을 허가했습니다(2018). 건강보험 환자를 받지 않아도 되는 영리병원이었습니다.

병원 이름은 녹지국제병원입니다. 병원 설립을 신청한 중국 기업은 녹지그룹이라는 사기업입니다. 녹지그룹은 부동산 개발기업입니다. 의료와 관련 없는 사기업이 병원을 지은 이유는 수익입니다. 병원에서 큰 수익을 기대하기 때문입니다. 제주도민만이 아니라 국민 여론이 녹지국제병원에 부정적이었습니다. 제주도지사는 태도를 바꾸어 녹지국제병원의 설립 허가를 취소했습니다. 설립 허가를 취소했으니 끝난 걸까요? 그렇지 않습니다. 녹지그룹은 법원에 소송을 제기했고, 재판이 계속 진행 중입니다. 법원이 녹지그룹의 편을 든다면 제주도에 영리병원이 생기게 됩니다. 경제자유구역에서 영리병원의 설립을 허용하는 법을 바꾸지 않는다면 녹지국제병원과 같은 영리병원의 설립 시도는 계속될 수 있습니다. 실제로 일부 지방자치단체에서는 영리병원을 허용하겠다며 나서고 있습니다.

영리병원은 병원비가 비싼 병원입니다. 건강보험을 적용하지 않으니 저소득층은 이용하기 어렵습니다. 고소득층이 주로 이용하는 병원이 되겠죠. 고소득층이 이용하니 의료서비스가 좋아질 듯한데, 실상은 어떨까요? 영리병원이 발달한 미국에서 연구한 바에 따르면, 영리병원 환자의 사망률이 비영리병원보다 높았습니다.

영리병원은 투자자에게 높은 수익을 분배하고 경영진에게 높은 보수를 줍니다. 그렇게 높은 수익과 보수를 보장하려면 이익은 늘리고 비용은 줄여야 합니다. 비용을 줄이기 위해 임금이 높은 숙련된 의사나 간호사를 해고하는 일이 벌어집니다. 수익을 우선하는 장기요양시설에서도 간호사를 제대로 고용하지 않아서 사망률이 높았습니다.

코로나19 환자가 급증하던 시기에 미국의 영리병원은 병원으로서 역할을 하지 못했습니다. 장기요양시설의 코로나 발생률과 사망률은 영리 시설에서 가장 높았습니다. 영국의 경우, 정부가 운영하는 병원에서 코로나19 환자 360만 명을 치료하는 동안 영리병원에서 치료한 코로나19 환자의 수는 미미했습니다.

우리나라에서 정부와 지방자치단체가 운영하는 공공병원은 전체 병원의 10% 미만입니다. 이런 상황에서 의료민영화가 시작되면 심각한 의료대란이 일어나게 됩니다. 건강보험제도는 흔들리고 병원비는 비싸지게 됩니다. 의료서비스의 공공성은 무너지고, 일반 시민들은 몸이 아파도 병원을 이용하기 어려워집니다. 영리병원의 출현은 곧 의료민영화의 시작이므로 다 함께 경계해야 합니다.

공공 영역을 지탱하는 공영방송

방송의 생명, 자율과 자유

여러분은 공영방송이 무엇인지 혹시 알고 있나요? 이제는 공영방송도 민영화 대상이 되었습니다. 이 글을 읽는 청소년 독자들은 방송보다 핸드폰으로 인터넷 콘텐츠를 즐겨 보겠지만 그래도 방송은 여전히 영향력이 큰 매체입니다. 방송은 크게 보아 지상파 방송(KBS, SBS, MBC, EBS 등), 케이블 방송(YTN, OCN, M-net 등), 위성 방송(스카이라이프 등) 등으로 구분됩니다. 한편으로는 공영방송과 민영방송으로 구분할 수도 있습니다. 공영방송은 공공의 이익을 추구하는 방송입니다(KBS, MBC, EBS). 민영방송은 사기업이 운영하는 방송입니다(SBS).

공영방송은 공기업이 바탕이 되어서 운영되는 방송입니다. 지상파 방송 중에서는 KBS와 MBC와 EBS가 공영방송이고, 케이블 방송 중에서는 YTN이 공영방송입니다. KBS는 국가가 직접 소유하는 국영방송에서 출발했으나 1973년 한국방송공사가 만들어지면서 공영방송이 되었습니다. MBC는 사기업이 만든 민영방송으로 출발했으나 1988년 설립된 방송문화진흥회가 대주주로 참여하면서 공영방송이 되었습니다. YTN은 1995년 한전정보네트웍(현 한전KDN), 한국마사회 등 공기업이 대주주로 참여해서 만든 방송입니다.

방송은 정보를 전달하고 오락을 제공합니다. 드라마와 예능 프로그램이 오락을 제공한다면, 뉴스 같은 프로그램은 정보를 전달합니다. 많은 사람이 오락프로그램을 즐기지만, 그날 일어난 사건을 알기 위해 방송 뉴스도 많이 봅니다. 방송 뉴스에 보도된 것이 사실과 다르면 잘못된 여론이 만들어집니다. 이렇듯 방송에서 뉴스는 매우 중요한 역할을 담당합니다.

SNS처럼 개인 콘텐츠가 발달한 지금 이 시대에도 방송의 사회적 영향력은 매우 큽니다. 각 방송사는 방송의 사회적 책임을 인식한다며 방송강령을 만들어 준수합니다. 방송사가 사회적 책임을 다하려면 권력이나 자본 등 외부의 간섭을 물리치고 방송의 자율과 자유를 실현해야 합니다. 그래서 공영방송이 필요합니다. 공영방송은 정부의 압력과 자본의 영향에서 벗어나 국민의 알 권리를 자유롭고 공정하게 충족시키려는 방송이기 때문이에요.

대주주의 이해관계에 어긋나면 비판하는 도구?

방송사의 자율과 자유를 방해하는 가장 강력한 힘은 정부에 있습니다. 정부는 정부에 유리한 방송 뉴스를 하라며 압력을 가하곤 합니다. 정부와 생각이 다른 사람이 공영방송의 사장일 때 여러 방법을 동원해 쫓아낸 적도 있습니다. 집권 세력이 밀어줘서 사장이 된 사람이 집권 세력에 유리한 편파 방송을 해서 사회문제가 되기도 했습니다.

정부는 공영방송을 민영방송으로 만들겠다고 위협하기도 합니다. KBS2와 MBC와 YTN이 민영화의 주 대상입니다. 공영방송사는 주식회사와 같은 형태입니다. KBS는 주식의 100%를 정부가 가지고 있고, MBC는 주식의 70%를 공공기관인 방송문화진흥회가 가지고 있습니다. YTN은 한전KDN과 한국마사회가 전체 주식의 30.95%를 나누어 가지고 있었습니다. 정부와 방송문화진흥회와 공기업이 주식을 판다면 KBS2와 MBC와 YTN은 민영방송이 됩니다. 공기업이 사기업이 되는 셈입니다. 실제로 그런 방식으로 YTN의 민영화가 진행되고 있습니다.

YTN은 1995년에 설립된 뉴스 전문 채널입니다. 24시간 뉴스만 하는 방송이에요. 그래서 지상파 방송에 비해 관심을 덜 받지만, 뉴스를 신속하게 제공한다는 점에서는 지상파 방송 못지않게 중요한 방송입니다.

2023년 9월 7일 YTN의 주주인 한전KDN과 한국마사회가 갑자기 YTN 주식을 공동 매각한다고 발표했습니다. 정부가 압력을 넣었다는 의혹이 당연히 제기되었지요. 10월 23일에는 유진그룹이 YTN 주식의 인수자로 확정되었습니다. 유진그룹은 어떤 그룹일까요? 유진레미콘처럼 건축 재료를 만드는 기업이 중심인 그룹입니다. 방송과 관련 없는 사기업이에요. 이런 기업이 공영방송사의 대주주로 적합할까요? 정부의 압력과 사기업의 영향에서 벗어나고자 했던 공영방송 YTN은 이제 사기업의 손에 넘어가 민영화될 운명에 처해 있습니다.

공영방송이 민영화되면 어떤 문제가 나타날까요? 민영방송의 문제점을 살펴보면 알 수 있습니다. SBS는 대표적인 지상파 민영방송입니다. 1990년 11월 14일에 개국한 SBS의 대주주는 태영건설입니다. 개국 당시 태영건설 본사 건물을 방송사 건물로 사용했는데, 민영방송은 대주주의 영향에서 벗어날 수 없다는 사실을 보여준 사건이에요. SBS 노동조합은 그동안 태영건설로 인해 발생한 문제점을 여러 차례 밝혀내서 비판했습니다. 한두 가지 사례를 들어보면 다음과 같습니다. 태영건설 부회장이 SBS를 이용해 일감 몰아주기를 했고, 그래서 챙긴 부당이익이 수백억 원이었다고 합니다. 부정 채용 사례도 있었는데, 태영건설 전무의 자녀가 SBS 계열사에 특혜로 취업했다는 것입니다.

SBS만 민영방송이 아닙니다. 지역방송 중에는 민영방송이 많습니다. 그런데 지역방송 대부분은 대주주의 사업을 홍보하는 도구, 대주주의 이해관계에 어긋나면 비판하는 도구가 되고 말았습니다. 강원민방 G1방송이 하나의 사례입니다. G1방송의 대주주는 강원도 원주의 SG건설입니다. G1방송은 SG건설의 아파트 분양 소식을 지나치게 홍보하다 문제가 되었습니다. 원주지역의 아파트 분양 소식을 전한다면서 SG건설이 지은 아파트의 장점만 두드러지게 소개했어요. 그래서 당시 방송통신심의위원회는 "공공자산인 전파를 사적으로 이용한 매우 심각한 사안"이라며 경고 조치했습니다. KBC광주방송은 과거 호반건설이 대주주였을 때, 호반건설이 신사옥 건립 허가 문제로 광주광역시와 마찰을 빚자 뉴스 때마다 광주광역시를 비난하는 보도를 쏟아냈습니다. 결국 광주광역시는 호반건설의 신사옥 건립을 허가하지 않을 수 없었습니다.

이처럼 민영방송은 국민의 공익이 아니라 사기업의 사익을 우선할 위험성이 있습니다. 그동안의 민영방송 사례는 그런 위험성이 실제로 나타난다는 사실을 보여줍니다. 공영방송의 민영화를 막아야 하는 이유입니다.

공영방송은 공공재

외국의 경우를 살펴보겠습니다. BBC는 영국의 공영방송입니다. 1922년 민영방송으로 출발했다가 1927년 공영방송이 되었어요. BBC는 세계적으로 유명한 공영방송입니다. BBC는 정부의 눈치를 살피지 않고 공정하게 뉴스를 방송하고 있습니다. 때로는 정부와 다른 입장을 취해 정부와 대립하기도 합니다. BBC가 권력 등 외부의 압력을 물리치고 방송의 자율과 자유를 지켜낼 수 있었던 원동력은 국민의 지지였습니다. 영국 국민은 BBC를 공공재로 생각합니다. 영국 국민은 BBC가 공익을 우선하고 공공의 가치를 실현하기 위해 노력하는 모습을 지지합니다.

1980년대 마거릿 대처 총리 시절, 영국 정부는 BBC를 상업방송으로 전환하려고 했습니다. 하지만 BBC는 이를 거부했고, 정부와 자본의 압력을 이겨낼 수 있었습니다.

BBC는 스스로 다음과 같이 자부하고 있습니다.

BBC는 국민 생활과 관련한 공공 영역을 떠받치는 역할을 하고 있다.

우리나라에서도 공영방송을 지키려는 노력이 계속되었

습니다. 정부의 압력을 물리치기 위해 방송사의 노동자는 단결하여 싸웠고, 국민은 이들의 투쟁을 지지했습니다. 우리나라 방송강령은 방송의 역할을 이렇게 정의하고 있습니다.

　방송은 인류의 평화와 사회의 공공복지를 증진하고, 국민문화와 생활을 향상하며, 방송의 품격과 자유를 지켜야 한다.

　방송은 방송강령이 정의한 대로 공공의 가치를 지키는 공공재입니다. 방송이 방송강령대로 역할을 하려면 공영방송이 유지되어야 합니다. BBC에서 자부하듯이 공영방송은 공공 영역을 떠받치는 역할을 하기 때문입니다.

5장

3부를 마무리하며 – 민영화는 재앙이다

지금까지 우리나라 공기업과 민영화의 역사 그리고 민영화 과정에서 나타난 문제들을 살펴보았습니다. 다른 나라 사례를 참고하여 우리나라의 주요 공기업을 그대로 유지해야 하는지 아니면 민영화해야 하는지 함께 생각해보았어요.

우리나라 역사에서 공기업은 중요한 역할을 담당했습니다. 1890년대부터 1910년에 이르는 시기에는 공기업을 통해 서구 문물이 도입되었습니다. 1960년대 이후 경제 발전기에는 공기업이 경제발전에 이바지했습니다. 박정희 정부는 모든 산업 분야에 공기업을 만들고 경제를 통제하려 했지만, 수많은 공기업을 감당할 수 없어서 민영화를 추진했습니다. 그 과정에서 상당한 문제점이 드러났습니다. 박정희 정부와 전두환 정부 등 독재 정권에서는 정경유착이 문제였습니다. 공기업을 살 사기업이 권력자의 뜻에 따라 결정되었습니다. 공기업을 사들인 사기업은 재벌기업으로 성장했고, 그 과정에서 권력자에게 불법적인 정치 자금을 주었습니다. 재벌기업은 대부분 그런 정경유착을 통해 성장했습니다.

공기업에는 금속, 철, 기계, 시멘트, 호텔, 식품 등과 같은 사적재를 생산하는 공기업이 있습니다. 포스코, 한국중공업, 한국시멘트, 매일유업, 워커힐호텔 등이 그런 공기업이었습니다. 반면에 전기, 통신, 철도, 가스, 수돗물, 의료와 같은 공공재 서비스를 제공하는 공기업이 있습니다. 한전, 코레일, KT 등이 그런 공기업입니다.

사적재 공기업은 대개 박정희 정부 때 경제개발을 위해 설립되었습니다. 경제발전 과정에서 역할을 했고 1970년대 이후 대부분 민영화되었습니다. 민영화 과정에서 특혜, 정경유착, 헐값 매각, 국부 유출 등 다양한 문제가 불거지기도 했고요.

공공재 공기업은 사적재 공기업과 다른 특징이 있습니다. 공공재는 국민 전체의 삶과 사회에 중요한 의미가 있어요. 따라서 공공재 공기업은 경제적 수익보다 공공성을 특징으로 합니다. 또한 공공재 공기업은 국가가 설립하고 운영하기 때문에 독점을 특징으로 합니다. 사기업은 공기업의 특징인 독점을 노립니다. 공공재 공기업을 인수하면 독점적인 이익을 기대할 수 있으니까요. 각국 정부는 공공재 공기업을 민영화할 때 사적 독점을 방지하고자 경쟁을 유도하는데, 사기업들은 짜고서 정부의 의도를 무력화시킵니다.

1980년대 이후 공공재 공기업은 민영화의 대상이 되었습니다. 그렇게 된 배경에는 신자유주의가 있습니다. 1980년대는 영국에서 대처 총리, 미국에서 레이건 대통령이 등장한 때입니다. 그때부터 신자유주의가 전 세계로 퍼졌어요. 신자유주의는 사기업을 우선하는 이데올로기입니다. 신자유주의는 사기업의 수익에 관심을 둘 뿐이고 공공성에는 관심이 없습니다. 신자유주의자는 사기업의 관심사인 공공재 공기업의 민영화를 앞장서서 주장합니다. IMF나 세계은행 같은 국제금융기구는 신자유주의의 전파자가 되어, 구제금융을 받는 나라에 공공재 공기업의 민영화를 강요합니다.

우리나라는 1997년 IMF의 구제금융을 받았는데, IMF

는 양해각서를 통해 공공재 공기업의 민영화를 강요했습니다. 그때 KT가 민영화되었어요. 그 외 공공재 공기업은 이명박 정부와 박근혜 정부를 거치면서 언제든 민영화될 수 있는 상태가 되었어요. 어떤 정치집단이 권력을 잡느냐에 따라 공공재 공기업의 민영화는 다시 시작될 수 있습니다.

신자유주의자, 민영화를 주장하는 정치집단, 민영화를 추진하는 정부는 민영화의 명분으로 효율성을 강조합니다. 효율성은 들인 노력에 비해 얼마나 수익을 내느냐의 비율이에요. 수익성이 좋으면 효율성이 좋다는 얘기입니다. 사적재 공기업은 효율적일 필요가 있습니다. 경제발전 과정에서 역할을 하려면 효율적으로 경영해야 하니까요.

하지만 공공재 공기업은 그렇지 않습니다. 공공재 공기업은 국민의 삶, 국민의 생존·생활과 밀접히 관련되므로 공공성을 우선해야 합니다. 공공재 공기업은 정부를 대신해서 공적 서비스를 제공합니다. 어떤 전문가는, 만약 모든 공기업이 다 팔려서 민영화되면 정부가 어떤 공적 서비스를 제공할 수 있을지 걱정이라고 우려하기도 해요. 전기, 가스, 수돗물, 철도, 의료 등 국민의 생존·생활과 연관된 기업은 공공 서비스를 제공하는 공기업으로 남아야 합니다. 공공재 공기업이 민영화되는 순간, 공공성은 상실되고 사기업의 독점과 담합으로 국민은 큰 피해를 보게 됩니다.

1948년 7월 17일 제정된 제헌헌법 제87조에는 이런 내용이 있습니다.

> 중요한 운수, 통신, 금융, 보험, 전기, 수리, 수도, 가스 및 공공성을 가진 기업은 국영 또는 공영으로 한다. 공공필요에 의하여 사영을 특허하거나 또는 그 특허를 취소함은 법률의 정하는 바에 의하여 행한다.

이 조항은 여러 차례 헌법개정을 거치며 변경되었지만, 공공성을 가진 기업은 공기업이어야 한다는 정신은 여전히 유효합니다. 공기업의 민영화는 '공공의 필요'에 따라야 한다는 민영화의 원칙은 지금도 따라야 하는 원칙입니다.

공기업의 민영화는 국민에게 재앙입니다. 공기업은 일단 민영화되면 되돌리기 어렵습니다.